Civilistische

Abhandlungen

von

Dr. Georg Friedrich Puchta.

Leipzig und Berlin
bei G. Reimer.

1823.

Civilistische

Abhandlungen.

Vorrede.

Wenn ein Mann, welcher auf einer gewissen Höhe wissenschaftlicher Bildung angelangt ist, ein Buch schreibt und der literarischen Welt übergiebt, so erwartet dieselbe etwas auf irgend eine Weise vollendetes, und in der That ist dieß auch der Absicht des Schriftstellers gemäß. Wäre dieß nun ein gemeiner Maßstab, eine unerläßliche Forderung an jedes schriftstellerische Produkt, so wäre hiermit dem Anfänger jede solche Aeusserung seiner Kräfte, jede Mittheilung an ein größeres Publikum versagt. Mir aber scheint es unbillig, dem angehenden Bekenner der Wissenschaft den Weg verschließen zu wollen, auf welchem er seine Ideen, seine Zweifel und seine Ueberzeugung vor einen Richter bringen kann, welcher schon die größere Unbefangenheit vor einem andern besonders angegangenen voraus hat. Der Vortheil ist sogar augenscheinlich, daß der Einzelne, welcher befragt werden und belehren könnte, ohnehin im Publikum begriffen ist, und noch viele andere.

Dieß waren meine Gedanken, als ich vor längerer Zeit den Entschluß faßte, meine Meinungen über einige Gegenstände der Rechtswissenschaft aufzuzeichnen. Und sie sind es auch, mit welchen ich die Darstellung meiner Ansichten geendigt habe. Ob ich den angedeuteten Zweck erreichen werde, das hängt freilich zunächst von den Lesern des Buchs ab, davon nämlich, ob nicht die Sache den gewöhnlichen Gang nimmt, nach welchem, so wie die Schriftsteller weniger belehrt werden als schreiben, eben so die Kritiker weniger belehren wollen als recensiren. — Weniges habe ich hier noch hinzuzufügen.

Es kann leicht geschehen, daß man eine Idee für seine eigene hält, weil sie durch die Erlernung ganz in unsere Ueberzeugung übergieng, und daß man sich somit der Quelle der Erkenntniß nicht mehr bewußt ist. Vornämlich ist dieß der Fall bei denjenigen Quellen, aus welchen wir das meiste und beste lernen — eben darum. So ergieng es mir mehrmals, und etlichemal hat mir glücklicherweise der Zufall die Quelle (z. B. Niebuhr) noch bald genug vor Augen gebracht, um sie nachtragen zu können. Nun ist dieß vielleicht nicht immer der Fall gewesen und deshalb steht diese Erinnerung hier. So wie es aber aus dem angegebenen Grunde oft schwierig ist, diejenigen zu nennen, welchen wir diese oder jene einzelne Ansicht verdanken, so scheint es mir selbst eine unnütze und pedantische Verbindlichkeit zu seyn, bei jedem Punkte, über welchen irgend jemand Mit- und Nachwelt belehrt hat, diesen Gelehrten anzuführen. Trifft es sich vollends, daß die richtige Ansicht durch die successiven Bemühungen Mehrerer entstanden ist, so müßte man über Nebenpunkte weitläufige literärhistorische Untersuchungen anstellen, und würde im glücklichen Fall einem Manne gleichen, der eine Reise macht und bei jedem Schritte den betretenen Stein der trefflichen Straße in sein Tagbuch dankbar notirt. — Ein weit größerer Uebelstand ist folgender. Bei einem Schriftsteller, welcher sich mit der Literatur erst wenige Jahre beschäftigt hat, wird es sich zuweilen ereignen, daß die von ihm entdeckten und vorgelegten Wahrheiten schon von Andern gefunden und unter ein größeres oder kleineres Publikum gebracht worden sind, ohne daß jener von seinen Vorgängern etwas erfahren hat. Ist nun an seiner Darstellung wenigstens etwas neu und eigenthümlich (und auf diese Weise trat der Fall schon bei Gelehrteren ein) so ist der Wissenschaft, wenn auch nicht der beabsichtigte, doch allerdings ein Gewinn dadurch zugekommen. Läßt sich aber auch von dieser Seite nichts für die Wiederholung sagen, so ist freilich die Arbeit des Nachfolgers für einen Anderen ganz unnütz, er selbst wird eher Bedauern, als wegen Nachläßigkeit und Voreiligkeit ein hartes Urtheil verdienen. Eine Wiederholung ist von mir selbst bemerkt, und in dem Zusatz zu S. 35. angegeben worden.

Aber nicht bloß wegen Nichtanführung, auch wegen Anführung mancher Schriftsteller möchte vielleicht eine Erklärung nicht überflüssig seyn, insofern die Nennung zuweilen nicht ohne Tadel, nicht ohne Mißbilligung ihrer Ansichten geschehen konnte. Der Tadel, welcher von einem Jüngeren herrührt, erscheint zwar den Aeltern, auch anspruchloseren, häufig als Anmaßung. Aber wenn eine solche Entgegnung nicht gerade selbst jenes Alter an sich trägt, wenn die Meinung nicht zu jugendlich oder kinderhaft auftritt, so möchte wohl dem Anfänger sein Alter nachzusehen seyn. Man hat in unsern und in früheren Tagen über den „schnöden, schneidenden Ton" geklagt, womit Jüngere über eine vergangene Zeit in der Wissenschaft zu sprechen pflegen. Dagegen läßt sich fragen, warum der Jüngere die ihm von seinen Lehrern mitgetheilte wohlbegründete Bemerkung, daß der wissenschaftliche Geist irgend einer Zeit auf Abwegen sich befand, nicht soll in seinem Kreise benutzen dürfen? Uebrigens ist auch jene Klage nicht ungerecht, indem es allerdings Selbstgenügsame giebt (und nicht junge allein) welche sich mit ihrer Vortrefflichkeit isoliren, ja selbst solche, welche für den Zusammenhang der Gegenwart mit der Vergangenheit manches Wort verlieren, aber nur gegen ihren eigenen Zusammenhang mit dem vorigen Jahrhundert sich verwahren möchten. Dennoch hat mancher schon in einfältiger Gesinnung und löblichem Eifer für die Wissenschaft etwas geschrieben oder gesprochen, als dessen Quelle nachher der verwerflichste Hochmuth angegeben worden ist, so daß man beinahe versucht wäre, zu glauben, auch das Alter sey zuweilen „schnell fertig mit dem Wort." So viel zur Rechtfertigung einiger Aeusserungen in dem Buche. Es ist jedoch einmal oder zweimal noch weiter getrieben, und gegen Lehrer, welchen vieles verdankt wird, einiges gesagt worden. Auch dieß ist vielleicht zu entschuldigen. Nicht damit, daß unsere Zeit nicht sonderlich darnach zu fragen scheint, und daß eine engere Verbindung zwischen Lehrer und Schüler nicht die Regel ist; daß jeder eine beträchtliche Anzahl Lehrer hat, mehr als in guten alten Zeiten der Lehrer Schüler, und der Lehrer hinwiederum seine Weisheit regnen läßt über Gerechte und Ungerechte, und säet auf jeglichen Boden. Sondern mit dem Gegenstand, welcher uns beschäftigt, mit der Wissenschaft.

Was endlich die Abhandlungen selbst betrifft, die das Buch enthält, so habe ich darüber folgendes zu erinnern. Ich will es hier nicht versuchen, die Geringfügigkeit mancher Bemerkungen zu entschuldigen; dem Erfahrenen wird ein solcher Fund bei einem Anfänger nicht auffallend seyn, der Wohlwollende wird die schlechten Stellen des Buchs neben den guten vergessen, während der Unerfahrne und Uebelwollende auch die Entschuldigung verschmähen wird. Nur einige Erinnerungen halte ich für nothwendig, die theils einzelne Abhandlungen, theils einen an mehreren Orten berührten Gegenstand betreffen. Nicht selten ist nämlich in der Schrift von den zwölf Tafeln die Rede, und zwar sowohl überhaupt als von einzelnen Fragmenten. Daß dieses Rechtsbuch weder im ganzen noch in seinen einzelnen Theilen zur Genüge behandelt worden ist, kann kaum bezweifelt werden, und namentlich haben sich gewichtige Stimmen für die Nothwendigkeit einer neuen Bearbeitung des Ganzen erklärt. Dieß ist ein Gegenstand, welchem ich wohl einst meine Kräfte und einen Theil meiner Zeit widmen, und zu dem ich mich jetzt vorbereiten möchte. — Einer der Aufsätze (über die Wegservituten) behandelt eine Lehre, über welche ich vor einigen Jahren meine Inauguraldissertation schrieb. Dieselbe ist nicht in den Buchhandel gekommen, und deshalb wäre auch eine bloße Uebertragung in dieses Buch zu rechtfertigen. Da nun beide Abhandlungen sogar ganz verschieden sind, und nichts mit einander gemein haben, als die Grundidee, so schien der Aufnahme des zweiten Versuchs gar kein Hinderniß entgegen zu stehen, und diese Worte sind nur für denjenigen geschrieben, welchem zufällig der Titel der Dissertation zu Gesicht gekommen seyn sollte. Für den Leser derselben ist diese Anmerkung überflüssig. Die vierte Abhandlung, entstanden in Vorlesungen, die ich im vorigen Jahre über Cajus hielt, enthält freilich eine sehr unbestimmte, schwankende Darstellung, welche der Zustand der Quellen mit sich brachte; die Zustimmung eines Freundes und die Kleinheit des Raumes, den sie einnimmt, bewogen mich sie aufzunehmen. Was über Num. 5. von mir anzumerken wäre, das ist schon am Anfang und am Schluß der Abhandlung selbst gesagt. Erlangen im Februar 1823.

Inhalt.

Druck und Papier von Junge in Erlangen.

I.

Adversus hostem aeterna auctoritas.

1.

Es ist eine angenommene und begründete Ansicht, daß es nach altitalischem Rechte keine ursprüngliche rechtliche Beziehungen der Völker auf einander gab, daß vielmehr solche Beziehungen nur erst vertragsweise entstehen konnten. Diese anfängliche Abgeschlossenheit, die mehr oder minder strenge Isolirung der Staaten ist der Natur überhaupt so gemäß, daß es vielmehr als etwas unnatürliches auffallen müßte, irgend einen Anfang, eine beginnende Bildung aus ihrer Zurückgezogenheit und kräftigenden Vereinzelung heraustreten zu sehen. Ein Staat, welcher in seiner Entwickelung begriffen war, stand daher so lange für sich, und in der Unmöglichkeit mit Auswärtigen in Rechtsverhältnisse zu treten, als er sich mit ihnen über diese gegenseitige Fähigkeit nicht verständigt hatte. Wenn nun umliegende

Völker nach der Sage dem neuen Rom, mit welchem sie, nach einem wahrscheinlich vom späteren verschiedenen Sinne, Commercium hatten [1]), das Connubium verweigerten, so wollten sie nur keine Veränderung des bisherigen Rechtszustandes, und es gehört poetische Willkühr, oder Unkenntniß und Versunkenheit im gemeinen Leben dazu, um sich die Römer als abgewiesene und erbitterte Freier vorzustellen. In den Grundzügen der Sage [2]) findet sich keine Spur von solchem Hochmuth und solcher Erbitterung; unbedenklich kommen die Auswärtigen zum Jahrmarkt als des Commerciums fähig, was im Falle einer vorhergegangenen Beleidigung nicht sowohl Vertrauen als Dummheit wäre.

---

1) Darauf deutet die Erwähnung des Festes in derselben Sage, wozu Auswärtige gekommen wären. Darauf beruht eben der Hauptpunkt der Erzählung. Daß diese Feste zugleich Jahrmärkte gewesen sind, erhellt schon mit der größten Wahrscheinlichkeit aus dieser Sage selbst und aus dem denkbaren Volkszustand der damaligen Zeit. S. übrigens Niebuhr römische Geschichte I. S. 159.

2) Romanhafte Verschönerungen lagen freilich älteren und neueren Behandlern nur allzunahe. Es scheint, als herrsche selbst bei gewissenhaften der Wahn, Sagen als etwas ohnehin schwankendes, dürften ohne Unrecht verändert werden, nur in dem eigentlich sogenannten historischen sey gewissenhafte Treue Gesetz. Sage ist aber nichts willkührliches, und Volkssage ist so wenig etwas, an dem sich die Willkühr versuchen könnte, als Volksrecht in seiner ursprünglichen Gestalt, und Volkssitte.

Das Wort Commercium ist bisher in einem allgemeineren Sinne gebraucht worden, welcher nicht der gewöhnliche ist. Man braucht Commercium sowohl als Connubium gewöhnlich bloß in Beziehung auf die römischen Rechtsverhältnisse; dieser Gebrauch ist, wenn man sich auf Rom beschränkt und die Verhältnisse von Rom aus betrachtet, der richtige, und er wird auch künftig hier befolgt werden. Es läßt sich aber für frühere Zeiten wohl von einem Commercium sprechen, das kein römisches war, und auch nicht also von den Römern der spätern Zeit genannt wurde, ein Commercium, welches eben Verkehr im allgemeinen war, ohne an Eigenthümlichkeiten des römischen Rechts gebunden zu seyn, etwa ein italisches Commercium, oder auch, wie es später vielleicht genannt worden wäre, ein Commercium des Jus Gentium. Ein solches allgemeines Commercium der frühesten Zeit hatte selbst der Peregrinus, der kein Commercium im römischen Sinne hatte. Aber eben deshalb, weil Verwirrung nicht erleichtert werden muß, hat der Gebrauch, nach dem Beispiel der römischen Juristen die Fähigkeit zu den römischen Rechtsverhältnissen ausschließlich Commercium und Connubium zu nennen, alles für sich.

Für den Rechtssatz, daß ein Auswärtiger römischer Rechtsverhältnisse unfahig war, daß er also weder in römischer Ehe leben, noch römisches Eigenthum, römischen Besitz u. s. w. haben konnte, soll sich nach der gemeinen Meinung eine specielle Äußerung in einem Fragment der zwölf Tafeln finden, durch Anwendung desselben auf eine besondere Art der Eigenthumserwerbung. Man könnte eine solche Erscheinung bei einer Aufzeichnung des Rechts unwahrscheinlich finden, welche einen unbedeutenden Raum einnahm, und noch dazu ihr Hauptaugenmerk auf die Verfassung zu richten hatte, zumal da dergleichen schon bei einer Gesetzgebung neuerer Zeit auffallen müßte, wo man weder wortkarg zu verfahren, noch mit formeller Vollständigkeit sich zu begnügen pflegt. Aber jene Meinung ist von dieser Seite betrachtet ganz unverwerflich. Bei einer Rechtsaufzeichnung älterer Zeit, ehe das Recht zur Wissenschaft geworden war, kann die Erscheinung einer Regel in der besonderen Anwendung nicht auffallend seyn. Die Auffindung der Regel für den lebendigen concreten Satz gehört erst der Wissenschaft an, deren Thätigkeit eben darin besteht, sich im einzelnen des höheren Grundsatzes und des Zusammenhangs mit dem Ganzen bewußt zu werden, und von dem aufgefundenen Principe wieder zu den Anwendungen (welche dann auch wohl durch Consequenz vermehrt werden) herabzusteigen.

Dieser vermeinten Unwahrscheinlichkeit könnte man noch als zweite hinzufügen, daß die Stelle des Gesetzes, wie wir sie haben und zu verstehen glauben, eigentlich nicht für den Römer, sondern für den Auswärtigen aufgezeichnet seyn würde, als solle sich dieser nach dem römischen Gesetze richten und dasselbe als Recht gegen sich gelten lassen; daß dieser Stand unter dem römischen Gesetze aber eben seiner Peregrinität zuwider sey, also der Satz ohne alles praktische Interesse dastehe, obwohl er an sich, abgesehen von dieser Stellung, sehr wahr und praktisch, auch wohl jedem zur Genüge bekannt gewesen. Aber dieser Einwurf, welcher durch die gewöhnliche Meinung allerdings begünstigt wird, ist in der That nur scheinbar richtig. Zuvörderst konnte dieser Satz wichtige Folgen unter den Römern selbst haben, auf welche weiter unten hingedeutet werden wird. Dann aber ist dieser Einwurf durch eine ungebildete Vorstellung von dem Gesetze der zwölf Tafeln entstanden, indem man nicht einsah, daß dieselben Aufzeichnung des bestehenden Rechts (in welchem allerdings jener Satz sich fand) nicht etwa Instruktionen für die Richter oder dergleichen waren.

Der Rechtssatz, von welchem die Rede ist, ist der: Adversus hostem aeterna auctoritas [3]).

Die gewöhnlich angenommene Bedeutung dieser Stelle, deren wirkliches Vorkommen in dem Gesetze

---

3) Cicero de Off. I. 12.

durch Cicero's Zeugniß ausser Zweifel gesetzt wird, ist: ein Peregrinus könne nicht usucapiren. Wenn nun gleich die gegen diese Bedeutung aufgebrachten allgemeinen Gründe, welche von Einigen bei der Behandlung dieser Stelle gebraucht wurden, durchaus unhaltbar sind, so kann doch, wie ich glaube, auf anderem Wege gezeigt werden, daß jene Worte einen allgemeineren Sinn haben, als man ihnen gewöhnlich unterlegt. Welches diese wahre Bedeutung sey, dieß zu untersuchen ist der Zweck der gegenwärtigen Abhandlung.

2.

Der natürlichste und leichteste Weg, welchen man zur Auflösung der hier von Mehreren gefundenen Schwierigkeiten einschlagen kann, ist dieser. Man könnte sich nämlich bemühen, dem Worte hostis eine andere, als die angenommene Bedeutung zu suchen. So wäre es keineswegs etwas an sich undenkliches, daß hostis die Bedeutung von adversarius überhaupt gehabt, und jenes Wort in den zwölf Tafeln den Gegner vor Gericht bezeichnet hätte. Ließe sich diese Bedeutung für jene alte Zeit als gewiß ausmitteln, so würde die angeführte Stelle mit sonstiger Beibehaltung der gewöhnlichen Erklärung den guten Sinn haben, daß während des Processes die Verjährung nicht zu

Ende laufe. Auch für die andere Stelle der zwölf Tafeln, welche dieses Wort enthält [1]): status dies

1) Cicero de off. I. 12. Plautus Curc. I. 1, 15. Cincius im fünften Buch de re militari bei Gellius XVI. 4. Festus s. v. status dies. Macrobius Saturn. I. 16. — Es ist hier eine Stelle von Plautus citirt worden, deren Richtigkeit durch Cicero hinlänglich bewährt wird. Da Plautus noch ferner von mir angeführt werden wird, so möge hier folgendes stehen. Man hat nämlich gegen dieses Dichters Auctorität in der Geschichte Zweifel erhoben. Fr. Guil E. Rost de Plauti auctoritate ad faciendam rerum antiquarum fidem Lips. 1816. 4. Richtig wird aus einigen Gründen gegen Leichtgläubigkeit gewarnt; diese Gründe sind jedoch größtentheils allgemeiner Natur und passen auf jeden Komiker und Lustspieldichter. Wenn aber der übrigens um Plautus sehr verdiente Mann die öfters vorkommende humoristische Zerstörung der Illusion, oder das Schwören des Merkurs und Pseudososia bei sich selbst, oder bei dem noch ungebornen Herkules (im Amphitruo) als Argument für die Unzuverlässigkeit des Römers gebraucht, welcher sogar gegen die Regeln der Kunst gefehlt habe, so wird eine so üble Behandlung des Dichters nur überwogen erstens dadurch, daß Andere an solchen Stellen sogar emendiren (welche bittere Vorgefühle künftiger Witzamputationen müssen Humoristen empfinden, wenn sie dieses Verfahren erfahren) zweitens aber durch ein zweites Argument Rost's selbst. Plautus soll nämlich besonders in juristischen Dingen deshalb keinen Glauben verdienen, weil er vom niedrigsten Stande war, die Jurisprudenz aber ein Eigenthum der höhern Stände gewesen sey. Aber umgekehrt liegt gerade darin, daß der Dichter seinem großen Publikum diese rechtlichen Beziehungen hingeben konnte, ein Beleg für die Befreundung des Volkes mit seinem Rechte, so wie es denn auch be-

cum hoste würde die Bedeutung passen [2]). Es würde dieser Erklärung weniger die Meinung Cicero's schaden, welcher die Stellen des Gesetzes als Argumente des Satzes anführt, der Peregrinus habe sonst Hostis geheißen, als die fast allgemeine Erfahrung, daß die Sprache vom besonderen zum

---

kannt ist, daß die ausschließliche Kenntniß der Patricier nie eine ausschließliche Kenntniß des Rechts selbst (welches keinem Bürger fremd seyn konnte) sondern nur der schwierigen Bedingungen des Verfahrens war, und etwa von einigem andern, was damit zusammenhieng.

2) Jene Bedeutung von hostis für diese zweite Stelle der zwölf Tafeln hat in der That schon Rachelius zu Cicero a. a. O. vermuthet, ohne jedoch für seine Vermuthung etwas beizubringen, ausser Wesembeck's Paratitla, wo die Stelle nur obenhin erwähnt wird. Für die erste Stelle finde ich die Erklärung bei Aymarus Rivallius (Civ. Hist. Jur. Mogunt. 1530. pag. 191. f.) wiewohl seine Darstellung sehr verwirrt ist, und er am Ende unbesorgt und gedankenlos hinnehmend auch Cicero's Erklärung anführt. — Hier muß ferner eine Meinung des Herrn C. C. Dabelow erwähnt werden, sofern sie in dessen Buche über die Verjährung literärhistorisches Factum geworden ist. In diesem Buche wird Hostis als Abwesender erklärt und offenbart. Nicht genau genommen ist auch ein Argument gegen Cicero und für diese Meinung aufgebracht worden in einigen übelverstandenen Worten des Plato (Nomon Dial. 12. S. 203. ed. bip.) Diesem Ja braucht man nur ein Nein entgegenzusetzen. — Vielleicht hat auch der Verfasser der Meinung dieselbe für nichtig erkannt, und dann steht der Todeserklärung dieses Abwesenden nichts mehr im Wege.

allgemeinen fortschreitet. Es wäre daher in dieser letztern Beziehung nothwendig, daß jene Bezeichnung als eine für jene Zeit technische gefunden würde, nicht etwa blos als eine generalisirend angewandte.

Eine Bestätigung jener Bedeutung aber findet sich in keinem der auf uns gekommenen Monumente der römischen Sprache. Sie ist also ohne Zweifel zu verwerfen. Vielmehr finden sich überall nur Argumente für die angenommene Bedeutung von hostis als Peregrinus.

Cicero als Gewährsmann für dieselbe ist schon angeführt. Dieß ist der eine Theil seiner Meinung, und, wie es scheint, der vollkommen sichere. Der andere Theil derselben ist die Beziehung auf unsere Stelle. Hierin könnte man allenfalls an seiner Unfehlbarkeit zweifeln, und darum sind weitere Argumente nicht unnöthig. Als abhängig von Cicero sind die spätern Grammatiker zu betrachten, also nicht als weitere Gewährsmänner anzuführen. Dahin gehört Festus [3]) und Macrobius [4]). Varro [5])

3) a. a. O. und s. v. hostis.

4) a. a. O. Stati (dies) qui judicii causa cum peregrino instituuntur etc.

5) de L. L. Lib. IV. am Anfang .... et multa verba aliud nunc ostendunt, aliud ante significabant, ut Hostis. nam tum eo verbo dicebant peregrinum, qui suis legibus uteretur, nunc dicunt eum, quem tunc dicebant perduellem.

giebt die nämliche Bedeutung als die alte an. In den Comödien des Plautus finden sich mehrere Stellen, welche sich auf die Bezeichnung des Peregrinus durch hostis beziehen. Ausser der schon angeführten von Festus und Macrobius allegirten Stelle: si status condictus cum hoste intercedit dies, siehe die in der Note[6]) verzeichneten. — Aus der Bedeutung der Worte hostire, hostimentum, läßt sich mit Bestimmtheit weder für die angenommene, wie Festus versucht hat, noch für eine andere angemessene Bedeutung des Hostis etwas folgern. — Wahrscheinlich bezieht sich auf die angenommene Bedeutung auch die alte Formel, welche uns durch Paulus Diaconus aus Festus aufbewahrt worden ist: Hostis,

6) Miles II. 5, 40. 41. ostium (al. hosticum i. e. peregrinum) hoc mihi Domicilium est, Athenis domus et herus. Trinum. I. 2, 65. Rud. II. 4, 21. 22. Gegen das Argument der Entgegenstellung von Hostis und Civis in den letzteren Stellen scheinen zu streiten Cicero Phil. VIII. 4. XII. 10. Parad. 4. Cäsar de bello civ. III. (In der letzten Stelle ist indessen die Beziehung auf den Bürgerkrieg nicht zu übersehen). Für dasselbe ist anzuführen Horat. Epist. I. 15, 29. — Auch die von Cicero dem Hostis gegenübergestellte alte Bedeutung von perduellis findet sich noch bei Plautus. S. die auch in anderer Rücksicht merkwürdige Stelle in der Cistell. III. 3. a. E.: Servate vostros socios, veteres et novos: Augete auxilia vestris justis legibus, Perdite perduelles, parite laudem et lauream, Ut vobis victi Poeni poenas sufferant.

vinctus, mulier, virgo exesto [7]. — Dagegen schieden die Augurn nach Varro [8]) den Ager peregrinus und hosticus. — Bei Ovidius könnte man in der unten [9]) angeführten Stelle durch die Verbindung mit noxae deditus auf die Annahme einer rechtlichen und processualischen Beziehung gebracht werden. Sicher steht aber das Wort da-

7) Brissonius de formul. Lib. I.

8) Lib. IV. de L. L. (pag. 9. ed. bip.) Ut nostri augures publice (Scal. und Turn. publici) dixerunt, agrorum sunt genera quinque: Romanus, Gabinus, Peregrinus, Hosticus, Incertus. Romanus dictus etc. etc. Peregrinus, ager pacatus, qui extra Romanum et Gabinum, quod uno modo in his feruntur auspicia. dictus peregrinus a pergendo i. e. progrediendo, eo enim ex agro Romano primum progrediebantur. quocirca Gabinus, sive Peregrinus, secundum hos auspicia habent singularia. Ab reliquo discretus. Hosticus dictus ab hostibus. Eine Ausgabe der Erlanger Universitätsbibliothek, sine l. et a., hat: quo circa Gab. quo sive per. sed quos auspitia habent singularia ab reliquo discretus. Hosticus etc. Turnebus: quo circa Gab. peregrinus, sed quod ausp. habet singularia, ab reliquo discretus. Scal. Gab. quoque peregr. Mir scheint in dem zuerst aufgeführten Text wenigstens die Interpunktion einer Verbesserung zu bedürfen. Man lese ... singularia. Ab reliquo discretus hosticus, dictus etc. — Varro ist als die Quelle folgender Stelle anzusehen. Paulus aus Festus: Peregrinus ager est, qui neque Romanus neque hostilis habetur.

9) Fast. I. 359. Verba fides sequitur, noxae tibi deditus hostis (aper, qui vitem roserat) Spargitur adfuso cornua Bacche mero.

selbst in dem ganz vagen Sinne, so daß das juristische nur in dem Beisatze liegt. — Eine merkwürdige Stelle endlich ist ein Fragment des Plautus, welches uns durch Charisius [10]) überliefert worden ist. Es besteht in folgenden Worten: Sedulum est: submoventur hostes, removentur lapides. Hier scheint hostis allerdings den Gegner vor Gericht, in gegenwärtiger Stelle vielleicht in einem Gränzstreite zu bezeichnen. Die Parteien sollten sich entfernen, wenn die untersuchten Gränzsteine wieder eingesetzt wurden. Dieß alles aber ist höchst unsicher, und die Stelle sowohl ihrer Beschaffenheit nach, als weil sie von keiner andern unterstützt wird, als Beweis der in ihr selbst nur vermutheten Bedeutung nicht zu gebrauchen.

Ich habe diese Resultate einer ihrem eigentlichen Zwecke nach vergeblichen Forschung deshalb hier angeführt, weil denn doch ein nicht unzweifelhafter und nicht unbezweifelter Punkt hiermit zur Gewißheit erhoben worden ist, und weil ich dadurch einem Andern eine ähnliche Bemühung vielleicht erspare. In einer Zeit, welche viel zerstört und wenig baut, welche vieles unsicher gemacht, weniges befestigt hat, mag wohl die Gewinnung fester Stellen (wenn auch ohne durchgreifende, allgemeine Wichtigkeit) nicht ganz unbedeutend seyn.

---

10) II. p. 194. Plautus in Caeco aut in praedonibus.

3.

Im vorhergehenden ist die Bedeutung des Hostis festgestellt worden. Gleich wünschenswerth, ja noch wichtiger ist ein ähnlicher Versuch für den zweiten Begriff, die Auctoritas [1]). Darauf beruht die richtige Erklärung der angegebenen und ähnlicher Stellen der Lex decemviralis und anderer. Es gehört dahin die von Cicero überlieferte Stelle der zwölf Tafeln, wornach für Usus auctoritas fundi ein Zeitraum von zwei Jahren festgesetzt ist, ferner die Stelle, welche Gellius aus der Lex Atinia anführt, von denen unten weiter die Rede seyn wird.

Die Worte auctor und auctoritas gehören zu denjenigen, welche aus alter, bestimmter, technischer Bedeutung in die Sprache des gemeinen Lebens übergehen und hier eine Verflüchtigung erleiden, welche oberflächlichem Anschauen den ursprünglichen Sinn nicht mehr zu enthalten scheint. Am meisten ist das Wort auctoritas generalisirt durch die Bedeutung Ansehen, und so kommt es denn bei allen Schriftstellern unzähligemal vor [2]). —

1) Als Materialiensammlung, namentlich der Stellen aus Cicero, dient hier Ernesti's Clavis Ciceron. u. d. W.

2) So auch bei Cicero de Orat. I. 39. obgleich diese Stelle einer speciellern, gleich zu berührenden Bedeutung fähig

Dieser kommt am nächsten die Bedeutung des Wortes auctor, wo es Urheber mit dem Nebenbegriffe des Ansehens, Führer u. dgl. heißt [3]. — Etwas specieller ist die Bedeutung: Urheber, und zwar einmal als Rathgeber [4], dann als Quelle, zum Zeugniß [5], und in demselben Sinne kommt auch auctoritas vor [6]; endlich als bloßer Urheber, Beförderer [7]. — Dieß sind die unjuristischen Bedeutungen der Worte.

Ich gehe über zu den juristischen Bedeutungen, woraus nach Analogie der gewöhnlichen Sprachbildung ohne Zweifel jene des gemeinen Lebens geflossen sind. — Zuerst fällt dem Forscher in die Augen auctor als Vorgänger im Besitze, von dem

---

scheint, vornämlich wegen der Umgebung. Aber die Bedeutung ist wohl die nämliche wie in Cicero Top. 19. pro Caec. 23. pro Cluentio pr. pro L. Man. 17. etc.

3) Cic. ad div. II. 6. Tacitus Hist. III. 71.

4) So am meisten bei Plautus z. B. quid mihi nunc es auctor. s. Pseud. I. 3, 2. IV. 7, 70. Pön. I. 3, 1. Mil. IV. 3, 1. ferner: Stich. I. 2, 71 und 72. IV. 2, 3. Pön. III. 4, 11. I. 1, 18. Terent. Adelph. V. 8, 16. Cic. ad Att. IX. 13. (pacis)

5) Plaut. Trin. I. 2, 70. Merc. II. 2, 41.

6) Plaut. Trin. I. 2, 180. Man könnte hierauf allenfalls auch Cicero de orat. I. 39. beziehen. S. Not. 2.

7) So in Cic. ad Att. IX. 13.

wir die Sache erhalten, namentlich der uns die Sache verkauft [8]). Daher auctor secundus [9]). Hieher gehört auch instrumentum auctoritatis für Kaufbrief [10]) und tabellae auctoritatis in demselben Sinne [11]). — Ferner kommt auctor vor in einer juristischen Bedeutung, aus welcher die Bedeutung des gemeinen Lebens von Urheber überhaupt und mit den oben bemerkten Modificationen geflossen ist. So patres auctores

---

8) Cicero pro Caec. 10. Verr. V. 22. Plaut. Curc. IV. 2, 12. Festus s. v. fundus, und in vielen andern Stellen.

9) L. 4. de evict.

10) L. ult. de pign. act. (vgl. L. 1. C. de donat.) Ich sehe nicht ein, wie Unterholzner (von der Verjährung §. 3.) hier und bei Seneca (Not. 11.) die Bedeutung als Gewährleistung finden konnte, da, was später instrumentum auctoritatis, früher instrumentum emtionis genannt (eben so bei Seneca) und dadurch der Sinn jener Worte außer allen Zweifel gesetzt wird. Bei einem weniger gründlichen Schriftsteller wäre dieß einer Uebereilung zuzuschreiben; hier aber muß wohl mit solcher Erklärung Anstand genommen werden.

11) M. Ann. Seneca Controv. III. 21. ed. bip. p. 250. Ex tabellis emtionis multi sententiam trahere tentaverunt. Albutius dixit: profer mihi tabellas. Quid hoc est? generum socer mancipio accepit. Triarius dixit: Fugitivum erronem non esse. Ita si malum auctorem habemus, gener noster fugitivus est. Blandus dixit: relegamus auctoritatis tabellas: furtis noxaque solutus. haec generi nostri laudatio est etc.

fiunt [12]). Hieher gehört auch die Auctoritas tutoris, für welche keine Stellen angeführt zu werden brauchen [13]). Die juristische Grundlage dieser Bedeutung soll unten erklärt werden. So kommt auch vor auctoritas magistratuum, ex auctoritate etc. [14]). — Aus der zuerst angegebenen Bedeu-

12) Livius I. 17. VIII. 12. Cicero de clar. Or. 14. und sonst oftmals. Vgl. Not. 14.

13) Ferner gehört hieher Plautus Pön. I. 1, 18 u. 19. Suspende, vinci, verbera, auctor sum, sino. M. Si auctoritatem postea defugeris ... ego pendeam. Paul. Diac. ex Festo s. v. Cognitor. s. die Rede pro domo c. 29. — In Beziehung auf den Tutor als Auctor ist gesagt im Epidicus III. 2, 21 u. 22. nunc auctorem Dedit mihi ad hanc rem Apoecidem.

14) Z. B. Paul. S. R. V. 5, 1. und sonst öfters. Vornämlich ist hier zu nennen die Auctoritas Senatus für Senatusconsultum. S. Ernesti a. a. O., vornämlich Cicero de leg. II. 15. (vergl. unten Note 20.) Anfangs scheint es bloß eine Auctoritas des Senats gegeben zu haben. (Man vergleiche Cic. de leg. III. 12. über potestas (populi) und auctoritas (senatus), besonders aber Livius III. 21. IV. 26. über das in auctoritate esse und in potestate esse. Vielleicht liegt hier ein tieferer Sinn zu Grunde, als gewöhnlich angenommen wird. Die Wortfügung kommt noch vor bei Liv. IX. 14. Dort hat aber auctoritas eine obenangeführte nichtjuristische Bedeutung.) Dieß hat sich nachher den (patricischen) Behörden mitgetheilt, und im Sprachgebrauch des gemeinen Lebens im oben angegebenen allgemeinsten Sinne zum bloßen Ansehen sich verflüchtigt. — Bei Cicero de orat. I. 39. a. E. (Num destitit uterque

Bedeutung als Vorgänger, Verkäufer ist juristisch eine andere speciellere gefolgt. Der Auctor ist als solcher zur Evictionsleistung verpflichtet. Seine Eigenschaft als Auctor heißt, natürlicher Formation gemäß, Auctoritas. In so fern man nun diese Eigenschaft als den Grund des Rechts auf Gewährleistung betrachtete, so wurde der Ausdruck auch für diese besondere Beziehung gebraucht. Daher kann denn der Satz: der Käufer verliert den Evictionsanspruch; auch so ausgedrückt werden: der Verkäufer verliert für den Käufer die Eigenschaft als Gewährleister (Auctoritas). Dieses muß also wie jenes erklärt werden, in lateinischer Rede: amitti auctoritatem i. e. actionem pro evictione [15]). — In späterer Zeit kommt der Ausdruck auctoritates für obrigkeitliche Decrete vor [16]), so wie früher für die Urkunde des Senatusconsultum (s. Not. 20.) Hierüber noch einige Worte.

---

nostrum in ea causa in auctoritatibus, in exemplis, in testamentorum formulis, hoc est, in medio jure civili versari?) sind die Auctoritates so viel als res judicatae, rerum judicatarum auctoritas.

15) So drückt sich der Jurist Venulejus aus in l. ult. de evict. Darauf bezieht sich auch Paulus S. R. II. 17. 1 und 3., wohl auch die Ueberschrift V. 10. de contrahenda auctoritate, wenn man sie gelten lassen will. — S. ferner Brissonius h. v.

16) Int. Paul. S. R. V. 5, 7. Consult. V. ICti. 8.

Unrichtig ist es, wenn Ältere und Neuere (z. B. Schweppe Röm. Rechtsgeschichte und Rechtsalterth. 1822. §. 165.) die Senatus Auctoritas als die technische Bezeichnung für einen wegen Intercession oder sonstiger Umstände nicht zu Stande gekommenen oder unwirksamen Senatsschluß angeben. Derselben Meinung scheint auf den ersten Anblick auch Hugo (§. 137.) zu seyn; wenn aber Schweppe a. a. O. diesen als Vorgänger zunächst vor Augen hatte [17]), so hat er ihn nicht vollkommen verstanden, was durch die Dunkelheit der Stelle hinlänglich entschuldigt wird. Hugo sagt: wenn auch das S. C. wegen Intercession nicht zu Stande kam, so konnte man sich doch darauf berufen, daß man wenigstens „den Senat auf seiner Seite gehabt (senatus auctoritas).“ Hiermit ist nur gesagt, daß dieß eine Redensart, nicht aber, daß es ein technischer Ausdruck gewesen sey. Jene Darstellung ist richtig, in so fern die Worte bei den Classikern also vorkommen, jedoch allerdings keine vollständige, welche an jenem Orte auch nicht

17) Dieß wird wenigstens durch andere Beispiele unterstützt. Die meisten dieser stillschweigenden Beziehungen haben freilich vielmehr eine unfreundliche Absicht, und ihre Menge, und die höchst einseitige Polemik, welche dadurch entsteht, (es scheint als könne man fast jeden versteckten Angriff auf Hugo deuten) würde eben nicht das schätzbarste an dem Buche seyn, selbst wenn der Kampf ein offener wäre.

im Plane des zuletzt erwähnten Gelehrten lag. — Gegen die gemeine Meinung nimmt schon eine andere Bedeutung der Senatus Auctoritas ein, von der in der vierzehnten Note die Rede war. Dennoch werden Stellen für jene Behauptung angeführt. In denselben kommt aber der Ausdruck vor theils in dem eben berührten [18]), theils in dem allgemeinsten, untechnischen (bei Hugo gegebenen) Sinne [19]) theils aber auch als die Urkunde, welche den Senatsbeschluß enthielt [20]). Daher ist auch die Ur-

18) Siehe unten das über die angeführten Worte des Dio Cassius gesagte.

19) Liv. IV. 57. Eben so auch Cic. ad Att. III. 26. wenn man es hier nicht bloß als abwechselnd mit senatusconsultum ansehen will. Dieß scheint mir indessen nicht das wahrscheinlichere.

20) Cic. ad Div. VIII. 8. V. 2. de orat. III. 2. Die gemeine Lesart in diesen Stellen war perscriptae (von den Auctoritates gebraucht). Hauptsächlich durch Manutius hat sie sich in praescriptae verwandelt, und diese Lesart soll durch eine alte Handschrift des Cardinals Borromäus für die letzte Stelle bestätigt worden seyn. Nach der Natur der Variante können Handschriften, wenn sie nicht als ganz vortrefflich bekannt sind, nicht durchaus, und am allerwenigsten eine einzige entscheiden. Die erste Stelle beginnt: .... S. C., quod tibi misi, factum est, auctoritatesque perscriptae. S. C. auctoritas. Pridie Kal. Oct. in aede Apollinis. Scribendo adfuerunt: L. Domitius Cn. F. Ahenobarbus etc. Die zweite: Jam illud S. C. quod eo die factum est, ea perscriptione est, ut, dum id extabit, officium meum in te obscurum esse non possit. In der dritten heißt es:

kunde selbst überschrieben: Senatus Consulti Auctoritas. Dieß wäre bei der Annahme der

---

et eundem (id quod in auctoritatibus perscriptis extat) scribendo adfuisse. Es ist bekannt und erhellt aus diesen Stellen selbst, daß bei der Niederschreibung des Beschlusses Senatoren zugegen waren, deren Namen der Urkunde und zwar im Eingange derselben eingeschrieben wurden. Dieß geschah zur Beglaubigung derselben, und darf nicht verwechselt werden mit der Bemerkung der Anzahl der beim Beschlusse gegenwärtigen Senatoren, wo eine bestimmte Zahl zur Gültigkeit des Beschlusses selbst (nicht zur Beglaubigung der Urkunde) nothwendig war. Für jenes Einschreiben der bei der schriftlichen Abfassung gegenwärtigen Senatoren (ohne Zweifel derjenigen, welche an der Sache besonderes Interesse nahmen — wir wissen nicht, ob es ein etwa wechselndes Amt war) konnte allerdings praescribere als der technische Ausdruck gebraucht werden, wie Manutius und Andere behaupten. (Manutius nennt dieses praescriptio quae honoris erat, die Angabe der Zahl der Beschließenden, praescriptio quae necessitatis. Aber daß auch dieß letztere so genannt worden sey, ist eine ganz willkührliche Annahme) Ferner ließe sich somit in der zweiten Stelle wohl praescriptione lesen, freilich eben so gut auch perscriptione, weil jene (die besondere Stelle der Schrift) in dieser (der ganzen Urkunde) begriffen ist. Wenn aber jener Gelehrte diese eingeschriebenen Namen mit dem Worte auctoritates bezeichnet, in dem Sinne, wie man in neuern Zeiten „Autoritäten" anzuführen pflegt, und auch in der ersten und dritten Stelle jene Emendation vornimmt, so ist es schon beim ersten Anblick einleuchtend, daß es dem Cölius nicht einfallen konnte, seiner Erwähnung des beifolgenden Senatusconsultum, die Bemerkung beizufügen, auch seyen bei Abfassung der Urkunde Senatoren zugegen gewesen, was hier bestrittenen Meinung völlig ohne Sinn [21]). Diese Annahme ist durch die Umgebung jener Worte begünstigt worden. In den durch den angeführten Brief (ad Div. VIII, 8.) auf uns gekommenen Senatsbeschlüssen, wiewohl nicht in allen, kommen nämlich die Worte vor: si quis huic S. C. intercessisset, senatui placere, auctoritatem per-

sich so sehr von selbst verstand als die Angabe von Zeit und Ort. Die dritte Stelle hat unverändert denselben Inhalt wie in der Veränderung bei Manutius, nämlich: es erhellt aus den Urkunden, daß er bei der Aufzeichnung gegenwärtig gewesen — mithin sind diese Anführungen wohl nicht geschickt, eine neue Bedeutung des Worts und eine Emendation zugleich zu begründen und zu unterstützen. — Als ein Argument für die Auctoritas als ungültiges S. C. hat man ferner allegirt Div. I. 7. (quoniam senatusconsultum nullum exstat, quo reductio regis Alexandrini tibi adempta sit. eaque, quae de ea scripta (al. perscr.) est, auctoritas, cui scis intercessum esse, ut ne quis omnino regem reduceret, tantam vim habet etc.) Allein diese Stelle beweist vielmehr gegen die gemeine Meinung, indem der Zusatz: cui scis etc. völlig überflüssig wäre, wenn auctoritas schon von selbst diesen Sinn hätte, und ich reihe sie somit an die Argumente für die Bedeutung als Urkunde. — Bei Cicero de leg II. 15. (quo in genere severitatem majorum senatus vetus auctoritas de Bachanalibus .... declarat) kann allerdings Auctoritas auch die Urkunde seyn (auf welche sich Cicero beriefe .... declarat) aber eben so gut auch Senatusconsultum, mithin zur Note 14. gehören.

21) Manutius zu Fam. VIII 8 schlägt vor: auctoritates Ueber Grund und Werth dieser Conjectur siehe die vorige Note.

scribi et de ea re ad senatum populumque referri. Dieß heißt aber nicht: im Fall einer Intercession solle das, was somit nur eine Auctoritas sey, niedergeschrieben werden rc. sondern vielmehr: es solle dennoch eine Urkunde über den Senatsschluß abgefaßt werden, um die Sache vor das Volk zu bringen. — Die hier vorgetragene Ansicht von der Senatus Auctoritas scheint gänzlich widerlegt zu werden durch Dio Cassius [22]). Wenigstens könnte man es räthlich finden, dieselbe so zu beschränken, daß beide Bedeutungen neben einander bestünden, ein Ausweg, der nicht allein bequem, sondern auch nicht ganz unerträglich wäre. Aber jene Stelle hat wohl einen andern Inhalt, als denjenigen, welcher sich dem flüchtigen Überblicke aufdringt. Die Worte sind diese:

> Ταῦτα μὲν ἐπὶ τῇ τῆς συμφοιτήσεως αὐτῶν ἀνάγκῃ ἔπραξεν (ὁ Αὔγουστος), εἰ δ᾽ οὖν ποτὲ ἐκ συντυχίας τινὸς μὴ συλλεχθεῖεν ὅσοις ἡ χρεία ἑκάστοτε ἐκάλει (πλὴν γὰρ ὅτι ὁσάκις ἂν αὐτοκράτωρ προσῇ, ἔν τε ταῖς ἄλλαις ἡμέραις ἐς πάντα ὀλίγου τὸ τῶν ἀθροιζομένων πλῆθος· καὶ τότε καὶ μετὰ ταῦτα ἀκριβῶς ἐξητάζετο) ἐβουλεύοντο μὲν, καὶ ἡ

22) Lib. 55.

γε γνώμη συνεγράφετο, οὐ μέντοι καὶ τέλος τὶ ὡς κεκυρωμένη ἐλάμβανεν, ἀλλὰ ἀουκτώριτας ἐγίγνετο, ὅπως φανερὸν τὸ βούλημα ἀυτῶν ᾖ. τοιοῦτον γάρ τι ἡ δύναμις τοῦ ὀνόματος τούτου δηλοῖ. ἑλληνίσαι γὰρ ἀυτὸ κάθαπαξ ἀδύνατόν ἐστι.

Die zunächst sich darbietende Erklärung scheint allerdings folgende zu seyn: „Wenn die gesetzliche Anzahl der Senatoren nicht beisammen war, so beriethen sie zwar und ihr Beschluß wurde niedergeschrieben, jedoch hatte er nicht die Kraft eines wirklichen Senatusconsultum, sondern es war vielmehr eine Auctoritas." So ist der Satz von den Uebersetzern und den Bekennern der Meinung, welche ich nicht für die richtige halte, genommen worden. Es ließe sich jedoch vielleicht (wenn es erlaubt ist, gegen den Ausspruch sprachkundigerer Männer eine Vermuthung zu äußern) noch eine andere Erklärung geben, und ich halte diese für die richtigere, weil sie theils die oben berührte Unwahrscheinlichkeit jener Bedeutung für sich hat, theils sich schicklicher in den Zusammenhang fügt. Die Verschiedenheit beruht hauptsächlich auf dem Wort ἀλλὰ, welches von jenen adversative, von mir discretive [23]) genommen wird. „Sie beriethen

23) Hoogeveen de partic. linguae graec. . l. v

zwar, und ihr Beschluß wurde niedergeschrieben, er hatte jedoch nicht die Kraft eines förmlichen Senatusconsultum; indessen es war immer Auctoritas, wodurch ihre Meinung kund werden sollte.“ Hiernach stellt also Dio Cassius keineswegs Senatusconsultum und Auctoritas als sich ausschliessend gegenüber, vielmehr sagt er, wenn man Auctoritas in dem Sinne der Note 14. nehmen will, der Beschluß sey freilich kein vollgültiges Senatusconsultum gewesen, falle aber doch unter den allgemeinen Begriff einer Auctoritas. Wollte man hier die Bedeutung von Urkunde annehmen, so wäre der Zusammenhang vollständiger, und die Beziehung der vier Sätze von ἐβουλεύοντο bis ἐγίγνετο enger: durch das Berathen entstehe zwar kein Consultum, durch die Aufzeichnung aber doch eine Auctoritas. Die folgenden Worte: auf daß ihre Meinung kund würde, drückten dann auf die natürlichste Weise die Folge und das Wesen der Auctoritas, der Urkunde, aus, statt daß es nach der gewöhnlichen Erklärung dem Ausdruck an aller Präcision mangelt. Was der Schriftsteller hinzufügt: „daß ohngefähr dieses in dem Worte, welches griechisch nicht gut wiedergegeben werden könne, liege, stimmt damit augenscheinlich überein. Das zuletzt und zur Erklärung gesagte: ὅπως u. s. w. also der Zweck der Aufbewahrung und Bekanntmachung soll in dem Worte liegen, und gerade die verschiedenen in demselben liegenden Ideen von Beschluß, Urkunde, machten es dem Griechen unübersetzbar [24].

4.

In einer von diesen verschiedenen, aber einigen derselben verwandten Bedeutung kommt Auctoritas in mehreren Stellen vor, welche hier näher erklärt werden sollen, und diese ist es, welche ich als die juristische Grundbedeutung des Wortes ansehe. Jene Stellen finden sich als Inhalt der zwölf Tafeln bei Cicero, im neunzehnten Capitel der Rede für den Cäcina:

> Lex usum et auctoritatem [1]) fundi jubet esse biennium: at utimur eodem jure in aedibus, quae in lege non appellantur.

Ferner im vierten Abschnitt der Topica:

> Quoniam ususauctoritas fundi biennium est, sit etiam aedium. At in lege aedes non appellantur, et sunt

24) Noch eine andere Stelle bei Dio Cassius spricht von dem Niederschreiben einer ungültigen γνώμη. Lib. 41. a. A.

1) Auf ähnliche Weise in derselben Rede Cap. 7.: Usus, inquit, ejus et fructus fundi testamento viri fuerat Cesenniae.

ceterarum omnium, quarum annuus est usus [2]).

Daß die bisher angeführten Bedeutungen des Wortes hier nicht genügen, dieß wird zum Theil schon aus der gegenwärtigen Darstellung entnommen, zum Theil aber erst weiter unten gezeigt werden können, wo von den Erklärungen Anderer die Rede seyn wird. Diese haben nämlich theils verschiedene, aber weder genügende noch begründete Bedeutungen, theils aber auch irgend eine der schon erwähnten angenommen, um die allegirten und einige andere noch zu berührende Stellen zu erklären.

---

2) Es ist nicht nöthig, von den verschiedenen Emendationsversuchen weitläufig zu sprechen, wodurch Manche diese Stellen ihrem Verstande anzupassen suchen, indem sie bald in der ersten Stelle den Accusativ in einen Genitiv verwandeln und das et wegstreichen, bald es in der zweiten Stelle dazusetzen, bald biennium in biennis, bald annuus in annus verwandeln. Die Stellen können bleiben, wie sie nach der gemeinen Lesart sind. Zuweilen mag es allerdings bequemer seyn, eine Stelle der Erklärung, als die Erklärung der Stelle anzupassen. Vergl. Grävius zu der ersten Stelle. Ergötzlich ist es übrigens, daß Dabelow (l. c. I. S. 59.) glaubt, die Emendationsversuche seyen gegen Cicero gerichtet, welchen er nun sehr eifrig in Schutz nimmt. „Annus sey kein Verstoß gegen die Latinität, deshalb tauge annuus esto nichts. Er meine, Cicero „habe wohl eben so gutes Latein geschrieben, als irgend „einer unserer Juristen."

Es kann zuvörderst als ausgemacht angenommen werden, wenigstens als, so viel mir bekannt ist, unwidersprochene Meinung Aller, daß die angeführten Stellen, so wie ferner diejenige, welche den eigentlichen Gegenstand unserer Untersuchung ausmacht, und eine bei Gellius [3]): Legis veteris Atiniae verba sunt: quod subreptum erit, ejus rei aeterna auctoritas esto — mit der Usucapion in Beziehung stehen, so daß in jenen beiden Stellen des Cicero die bekannte Zeitbestimmung, in der dritten Stelle irgend eine wenigstens mittelbar mit der Ersitzung in Beziehung stehende Bestimmung in Absicht auf den Hostis enthalten ist, so wie es auch von der Lex Atinia sonst schon bekannt ist, daß sie von der Usucapion gestohlener Sachen handelte [4]). Wie aber dieser Inhalt in

---

3) N. A. XVII. 7.

4) §. 2. I. de usucap. Cajus (II. 45. ohne Zweifel die Grundlage der Institutionenstelle) führt bei der Ausschließung der Res furtivá bloß die zwölf Tafeln an. Dagegen ist die Lex Atinia von Theophilus und in andern juristischen Schriften erwähnt, von denen Excerpte in den Pandekten vorkommen (Paulus, Julianus: L. 4. §. 6. L. 33. pr. de usurp. L. 215. de V. S.) — Zu allgemeine oder übelverstandene Aeusserungen können der Wissenschaft schaden, wenn es Aeusserungen großer Männer sind. So ist die Bemerkung wohl richtig, daß durch die Auffindung von Cajus Institutionen Theophilus im Ganzen selbstständige Quelle zu seyn aufhört. Man vergesse aber nicht,

jenen Fragmenten enthalten sey, das ist hier die Frage, denn schon darüber wird gestritten, ob der angenommene Inhalt implicite oder explicite gesucht werden müsse, ganz besonders aber über den Antheil, welchen Auctoritas an der Inhaltsbestimmung nimmt.

---

daß ein Schriftsteller, dem eine große Menge für uns versiegter Quellen zu Gebote standen, noch immer schätzbar seyn muß, wenn wir auch seine vorzüglich benutzte Quelle selbst anzugeben vermögen. In diesem Sinn ist freilich jenes wohl nicht gesagt, es kann aber von der Bequemlichkeit so verstanden werden. Unverständiges Fürwahrhalten und Trägheit gebären sich gegenseitig unaufhörlich. — Ich brauche wohl kaum zu erinnern, daß hiermit nichts gegen das Annehmen fremder Autorität, fremder Weisheit überhaupt gesagt seyn soll, etwa in der Manier einer neuern philosophischen Schule, durch welche nach hingepflanztem Begriff furchtbares Stand- und Spießrecht über das Böse, aber auch über das Gute gehalten wird, welches das Unglück hat, eben zu geschehen, ohne von jenem Begriff Notiz zu nehmen, ein Verfahren, welches sich durch das bei einer nicht unbekannten Gelegenheit von dem Oberrichter gebrauchte Wort Schiboleth am besten charakterisirt hat (Hegel's Naturrecht. S. 246.) In der That waren die Gileaditer am Jordan die frühen Anhänger jenes Verfahrens, für neuere Zeiten ist Hans Cade bei Shakespeare (Heinr. VI. 2r Thl. IV. 6.) zu nennen, und wollte man sich einigen Scherz erlauben, so könnte man wohl auch den Bären in der Fabel hieher rechnen, durch dessen dienstbeflissene Aufmerksamkeit an dem Herrn Fliege und Kopf zugleich in Stücken giengen. — Ein anderes ist die Einheit der Ueberzeugung, wenn sie sich gleich anfangs der Gründe so wenig bewußt ist, als eine Freundschaft, eine Liebe, ein anderes das beliebige, träge Hinnehmen eines fremden Ausspruchs.

Da jene an sich ungewöhnliche Zusammensetzung ususauctoritas an zwei verschiedenen Stellen auf ähnliche Weise vorkommt, so muß eben, weil sich dieser bedeutende Grund dafür und keiner dagegen findet, angenommen werden, daß dieselbe nicht etwas willkührliches, sondern ein juristischer Ausdruck sey, ja daß er sich in dem von Cicero angeführten Gesetze wirklich befunden habe. Es ließe sich nun das Verhältniß der verknüpften Worte auf verschiedene Weise denken. Daß einmal beide schon für sich dasselbe bedeuteten, was durch die Zusammensetzung bezeichnet werden sollte, ist an sich so unwahrscheinlich und erscheint nach den sonst bekannten Bedeutungen der Worte so unzulässig, daß dieser Fall wohl ohne weiteres auf die Seite gestellt werden kann. Das zweite denkbare Verhältniß wäre, daß das eine Wort als Grundlage, das andere als modificirende Accession bestände. Hiernach wäre also etwa Usus der Grundbegriff und durch den adjectiven Zusatz Auctoritas sollte nur demselben eine bestimmte Wendung gegeben werden. Dieser Annahme aber widerspricht, daß Usus und Auctoritas (wie man jetzt wohl als ausgemacht annehmen kann [5])) in demselben Casus ste-

5) Vgl. Not. 2. Man hat sich für die entgegengesetzte Meinung auf Boetius berufen, bei welchem vorkommt: usus auctoritatem. Bei richtiger Würdigung der Zeit des

hen, wogegen der Genitiv des Hauptbegriffs viel natürlicher wäre, wenn die Worte das angegebene Verhältniß hätten. Vollends wird dasselbe ausgeschlossen durch das Hinzukommen der Partikel et in der ersten Stelle. Diese Redensart wäre ausserdem höchstens dem Dichter passend, wie die bekannte per arma et hostes, und solche Auctorität ließe sich wohl kaum auf die zwölf Tafeln anwenden. — Nun bleibt noch ein drittes Verhältniß übrig, in welchem jene Worte stehen können. Sie können nämlich zu gleicher Wirksamkeit, also ohne Erhebung des einen über das andere, mit einander verknüpft worden seyn, so daß durch diese Verbindung ein dritter Begriff hervorgieng, dessen Quelle sie sind, und an dessen Entstehung beide gleichen Antheil haben. Als Analogie kann hier ususfructus dienen, welches man auch für die grammatikalische Zulässigkeit der Zusammensetzung angeführt hat. So wie also die verbundenen Worte die Bestandtheile des neuen Wortes, so machen die verknüpften Begriffe die Bestandtheile des hervorgebrachten Begriffes aus. Und dieses dritte Verhältniß ist es denn auch, in welchem die Worte wirklich zu einander stehen.

Schriftstellers, wenn er auch über ihr stand (der Beste gehört aber immer seinem Zeitalter an), kann er jedoch für diesen Punkt kein größeres Argument abgeben, als irgend eine bedeutende Auctorität neuerer Zeit.

Von jeher hat man vorausgesetzt und mit Recht, daß sich der Ausdruck auf die Usucapion, hier also auf die Usucapion der Grundstücke beziehe. Die Hauptquelle für die eigentliche Bedeutung der Worte ist die angeführte Stelle selbst: ususauctoritas fundi biennium est. Von dem Usus allein wird eine andere Redeform gebraucht: ceterarum rerum, quarum annuus [6]) est usus. Für das seiner Natur nach fortdauernde Moment, den Usus, ist somit das Adjectivum annuus gesetzt, welches den Zeitraum eines Jahres auf eine ähnliche continuirliche Weise bezeichnet. Für Ususauctoritas hingegen ist die Zeit als etwas schon abgeschlossenes, als der vollendete zweijährige Zeitraum ausgedrückt, welches nun, wie dieß bei der Bestimmung des Usus vorkam, auf eine ähnliche Natur des Begriffs auch hier schließen läßt. Daß hiermit nicht etwa gemeint ist, der Usus solle an diesem Orte juristisch etwas anderes bedeuten als Ususauctoritas, wird weiter unten erhellen. — Ususauctoritas ist also nicht zu nehmen als ein Verhältniß, welches zwei Jahre dauern müsse, damit die Sache als usucapirt zu betrachten sey, dieses ist vielmehr nur vom Usus gesagt, — sondern es ist ein Rechtsver-

6) Man hat dieses annuus in annus verwandelt, ganz ohne Grund. Handschriften können für die Aenderung wegen der Möglichkeit der Gemination nicht entscheiden.

hältniß, welches zu seiner Entstehung einen Zeitraum von zwei Jahren erfordert. Ein zweijähriger Usus des Fundus erzeugt die Usus auctoritas, bei anderen Sachen ist nur einjähriger Usus erforderlich.

Usus auctoritas unterscheidet sich mithin von Usucapio dadurch, daß letztere die Handlung des Erwerbers in dem Moment bezeichnet, da er das Eigenthum durch fortgesetzten Besitz erwirbt, usu capirt, erstere hingegen das Rechtsverhältniß selbst, mit Beziehung auf seine Entstehung. Aber sonst, dem Inhalte nach, sind beide in der That nicht verschieden. Usus auctoritas ist also das durch die Usucapio entstandene Rechtsverhältniß, hier das durch Usus entstandene Eigenthum [7]. Es ist möglich, ja beinahe wahrscheinlich, daß eben so das Rechtsverhältniß, welches durch die usu in manum conventio entstand, Usus auctoritas hieß, so daß dieses Rechtsverhältniß sowohl Dominium als Potestas seyn, jener Ausdruck also beides bedeuten konnte. Der Name Usucapio kommt für das zweite Verhältniß nicht vor. — Nachdem nun dieser Begriff festgesetzt worden ist, können seine

7) Es ist hier nicht von der frühesten Zeit die Rede; meine Vermuthungen über die Entstehung des Begriffs finden sich in einem der folgenden Abschnitte.

seine beiden Bestandtheile ausgeschieden werden, wodurch eben der Begriff der Auctoritas, als der zweite Bestandtheil aufgefunden werden wird.

Daß usus hier Besitz heiße, müßte schon aus dieser Stelle selbst geschlossen werden, wenn auch nicht sonst schon diese Bedeutung bekannt wäre [8]). Eben so erhellt schon aus der Stellung, welche das Wort am angeführten Orte hat, daß hier nicht vom juristischen Besitze die Rede seyn kann, sondern lediglich von dem natürlichen Verhältnisse. Dieß wird bald noch unzweifelhafter sich ergeben. — Es ist von Niebuhr vermuthet, und von Savigny [9]) ausgeführt worden, daß in den alten Possessiones, Besitzungen des Gemeinlandes, der Ursprung des juristischen Besitzes zu suchen sey. Durch die Einwirkung des Prätors auf die juristi-

---

8) S. Brissonius u. d. W. Die Vermuthung Niebuhr's, daß ursprünglich usus die subjective, possessio die objective Beziehung ausgedrückt habe (possessio also: Besitzung) ist im allgemeinen für usus unwidersprechlich, da dieses Wort zu keiner Zeit auf das Object bezogen wurde, und hat für die alte Possessio wenigstens nichts gegen sich als den späteren Sprachgebrauch. Ob aber usus, eben so wie possessio, sich ursprünglich bloß auf die Besitzungen des Gemeinlands, oder ob sich das Wort schon ursprünglich auf Privatbesitz sowohl als auf jene bezogen habe, das soll noch weiter unten zur Sprache kommen.

9) R. d. B. §. 12. a.

sche Seite des Besitzes, also durch eine äußere, zufällige Veranlassung, fiel derselbe dem prätorischen Recht anheim, wurde hier auf die andern Objecte ausser dem Gemeinlande ausgedehnt und veränderte überhaupt seine ursprüngliche Natur. Der Besitz im prätorischen Rechte hat vornämlich diese von dem Besitz des Gemeinlandes ganz verschiedene Natur, daß er in gewissen Fällen zum Eigenthum führt, mit andern Worten: im prätorischen Rechte giebt es sowohl Interdikten- als Usucapionsbesitz [10]. Der

10) Als juristischer Besitz im eigentlichen Sinn gehört der Usucapionsbesitz ins prätorische Recht, weil die Actio publiciana in diesem ihren Ursprung hat. Denn da juristisch im eigentlichen Sinn der Besitz nicht darum ist, daß in Beziehung auf ihn rechtliche Bestimmungen existiren, so ist auch der Usucapionsbesitz an sich, nach seinen Eigenschaften, als Bedingung eines künftigen Rechtsverhältnisses betrachtet, natürlicher Besitz; und er wird selbst erst zum Rechtsverhältniß, indem ihm gegenwärtig eine rechtliche Wirksamkeit beigelegt wird, also durch die genannte Actio, so wie der Interdiktenbesitz durch die Interdikte.

Wenn Savigny den Usucapionsbesitz in dieser Beziehung ausschließt, und somit nur den Interdiktenbesitz als eigentlich juristischen Besitz übrig behält, wenn ferner derselbe von den römischen Juristen nicht als eigentlicher Besitz behandelt wird, so steht damit das oben gesagte nicht im Widerspruch. Jene Ansichten sind eine nothwendige Folge der historischen Thatsache, daß die Boná fidei possessio sich dem Dominium, wie die Actio publiciana der Rei vindicatio anschloß, so daß in der That im ausgebil-

Interdiktenbesitz war dann wiederum entweder Besitz am Gemeinland oder auch Privatbesitz. — Dieß ist darum angeführt worden, weil zu zwei verschiedenen Zeiten ein verschiedenes System des Besitzes im römischen Rechte vorkommt. In der spätern Zeit nämlich sind Interdikten- und Usucapionsbesitz, als Arten des juristischen Besitzes, dem natürlichen, der Detention, als bloßer Eigenthumsausübung, als Folge eines Rechts, entgegengesetzt. Dagegen steht in der älteren Zeit die Possessio, der Besitz des Ager publicus, allein als juristischer Besitz da, und aller andere, selbst der Usucapionsbesitz, derselben als natürlicher Besitz gegenüber. Die Uebergänge zwischen diesen Verschiedenheiten können nicht genau angegeben werden. Wahrscheinlich waren es: Possessio am Ager privatus (nämlich Uebertragung der Rechtsmittel hierauf); dann an andern Gegenständen; endlich Actio publiciana. Die Bonä fidei

---

deten römischen Rechtssystem jene gar nicht mehr als Besitz behandelt wird. Aber eben deshalb ist die vorgetragene Eintheilung an der gegenwärtigen Stelle nicht unrichtig.

Eben so wenig wird durch die oben stehenden Worte behauptet, daß der Besitz selbst im Edikte vorkam (vergl. Heise bei Savigny S. 23.). Daß der Besitz bloß in seinen Folgen im Edikte erschien, ist nach dem sonst bekannten Inhalt des letzteren so wahrscheinlich, als der Umstand, daß kein Jurist das Edikt commentirte und commentiren konnte, ohne die Theorie vorzutragen, auf welcher die einzelnen Bestimmungen dieser Rechtsverzeichnung beruhten.

possessio wurde dann von dem Besitz (wahrscheinlich schon vor der Zeit der ausgebildeten Wissenschaft) getrennt, ganz natürlich, da weniger Abstraction dazu gehörte, sie an das Eigenthum anzuschließen. Und so entstand denn die Theorie der römischen Juristen (neuere hätten sich vielleicht bei der Systematisirung weniger an die Geschichte gehalten) wie sie uns der unsrige im angeführten Buche dargestellt hat. — Wenn nun nach der technischen Bezeichnung dieser Begriffe gefragt wird, so ist als gewiß anzunehmen, daß possessio stets für den juristischen Besitz gebraucht wurde, in ältern Zeiten also für den Besitz am Gemeinland, in spätern auch für den juristischen Privatbesitz, bis das Wort endlich unter den Juristen auch allgemeinere Bedeutung erhielt. Für den natürlichen Besitz kommt in den spätern Zeiten tenere, detinere vor. Die Bezeichnung des natürlichen Besitzes der älteren Zeit, also desjenigen, welcher nicht Besitz des Gemeinlandes war, können wir mit Gewißheit nicht angeben. Mir scheint es indessen höchst wahrscheinlich, daß hiefür das Wort usus gebraucht worden sey, eine Vermuthung, welche namentlich durch unsere Stelle unterstützt wird, so wie durch die juristischen Ausdrücke: usu capio, usu receptio, ferner auch wohl dadurch, daß nach dem Uebergange der Natur sowohl als der Bezeichnung der alten Possessio auf den Privatbesitz, der alte Name hier dem neueren gewichen und in seiner alten Bedeutung nur durch jene technischen Ausdrücke auf die spätern Zeiten gekommen ist. Damit soll keineswegs behauptet werden, daß usus für den Privatbesitz ausschließlich (bloß für den nichtjuristischen Besitz im Gegensatze gegen den juristischen) gebraucht worden sey. Vielmehr liegt es gerade in seiner Bedeutung als natürlichem Besitze, daß auch von dem Possessor gesagt werden konnte, er habe den Usus des Gemeinlandes, indem juristischer und natürlicher Besitz zusammentreffen können, ja dieß sogar der gewöhnliche Fall ist.

Es ist nun noch der zweite Bestandtheil des Begriffes übrig, die Auctoritas. Durch Anwendung eines ganz einfachen Verfahrens, Abziehung nämlich des ersten Bestandtheils von dem Ganzen wird es möglich seyn, diesen zweiten Begriff zu bestimmen. Ausser dem Besitze, dem factischen Momente, liegt in dem Verhältniß noch das rechtliche Moment, und hierauf muß sich nun die Auctoritas beziehen. Auctoritas ist daher die rechtliche Gültigkeit des Verhältnisses, zugleich mit dem bestimmteren Sinne der Geltendmachung vor Gericht. Es findet sich für diese Bedeutung eine merkwürdige Stelle bei Cicero im 26. Capitel der Rede für den Cäcina:

> Mihi credite, major hereditas venit unicuique vestrum in iisdem bonis a jure et a legibus, quam ab iis, a quibus illa ipsa bona relicta sunt. Nam

ut perveniat ad me fundus, testamento alicuius fieri potest: ut retineam, quod meum factum sit, sine jure civili non potest. Fundus a patre relinqui potest: at usucapio fundi, hoc est finis sollicitudinis ac periculi litium, non a patre relinquitur, sed a legibus. Aquaeductus, haustus, iter, actus a patre: sed rata auctoritas harum rerum omnium a jure civili sumitur.

Diese Stelle setzt die beiden Seiten jedes Rechtes: daß etwas mein sey, und daß ich es vor Gericht geltend machen könne, einander entgegen, letztere als Gabe juris ac legum, und bezeichnet dieselbe mit unserem Ausdruck. Man hat das Wort hier lediglich auf die Usucapion beschränken wollen, als wäre sie es, welche dem Eigenthum die rata Auctoritas gebe, aber mit Unrecht [11]). Die Meinung ist aus dem zweiten Falle entstanden, und dadurch genährt worden, daß man hier einen dem Inhalt der Lex Scribonia entgegengesetzten Rechtssatz zu finden glaubte, und zwar kurz vor dem Zeitpunkt, den man für die Abfassung des Gesetzes bestimmt hatte. Auf die Erklärung der Auctoritas in der Verbindung mit Usus hat indessen dieser Irrthum wenig Einfluß, indem selbst nach dieser Mei-

11) vgl. Hugo Gesch. d. R. R. 7. Aufl. §. 207.

nung bloß das rechtliche Moment bei der Usucapio unter den Worten verstanden werden kann. Wohl aber war er wegen des bald zu berührenden allgemeineren Sinnes der Auctoritas schon hier zu erwähnen. — Die zweite Stelle, welche für die angegebene Bedeutung angeführt werden kann, ist von Cervidius [12]) und lautet also [13]):

> Scaevola respondit, solere eos, qui juri dicundo praesunt, tueri ductus aquae, quibus auctoritatem vetustas daret, tametsi jus non probaretur.

Hier steht Auctoritas mit tueri parallel, und diesem wird beigefügt, tametsi etc. Es wäre ganz unhaltbar und allen sonst anerkannten Bedeutungen des Wortes entgegen, wenn man die Juris probatio etwa als den höhern, die Auctoritas als den niedern Grad von Rechtsgültigkeit betrachten wollte. Ich erwähne dieß, weil diese Beziehung der beiden letzten Sätze auf einander grammatisch zulässig ist, ohne zu wissen, ob diese Meinung historisches Factum ist, oder nicht. — Diese Stelle ist zugleich zur Erklärung der vorigen zu gebrauchen, indem sie die Verneinung der Frage: ob es vor der Lex Scribonia eine eigentliche Usucapion der Servituten gab, allerdings unterstützt.

12) vgl. Wieling Jurispr. restit. S. 41 fg.

13) L. ult. de aqua et aq pluv.

5.

Die Richtigkeit des angegebenen Begriffs der Auctoritas als des rechtlichen Moments, der Rechtsgültigkeit, wird sich besonders bei einzelnen Anwendungen als bewährt darstellen lassen. So wie nämlich in einer der oben angeführten Stellen der Usus einzeln und auf eine Art vorkam, welche ihm eigenthümlich war, so giebt es auch Stellen, in denen (auch mit der Beziehung auf die Usucapion) Auctoritas allein gebraucht wird.

Dahin gehört einmal das schon oben allegirte Excerpt des Gellius aus der Lex Atinia. Der Dieb hat das factische Moment des Eigenthums, die physische Gewalt über die Sache, aber nicht das rechtliche, er hat also den Besitz, Usus, aber nicht Auctoritas. Diese, das Moment der Rechtsgültigkeit, bleibt dem Eigenthümer, und soll ihm sogar überhaupt bleiben, wenn auch die Sache an einen andern redlichen Besitzer kommt. Dieser Rechtssatz kann nun unter Voraussetzung der angegebenen Bedeutungen nicht besser ausgedrückt werden, als dieß wirklich in dem Gesetze geschah: Furtivae rei aeterna auctoritas esto.

Die zweite Anwendung enthält die Stelle der zwölf Tafeln, deren Erklärung diese Abhandlung veranlaßt hat. In der That aber ist hier, wo noch immer von der beschränkten Beziehung auf die Usucapio die Rede ist, noch nicht der Ort sie zu erklären.

Dagegen ist hier von einigen Nachbildungen jener Stellen zu handeln, welche Jacobus Gothofredus in seine zwölf Tafeln auf eine sehr sorglose Weise aufgenommen hat [1]). So: intra quinque pedes aeterna auctoritas esto, fori bustive aeterna auctoritas esto, furtivae rei aeterna auctoritas esto.

Die Quelle des ersten Gesetzes ist Cicero im ersten Buche de leg. cap. 21.: quoniam usucapionem XII. Tabulae inter quinque pedes esse noluerunt etc. Nun bezieht sich alles, was wir von der Auctoritas in der gegenwärtigen Bedeutung wissen, streng auf quiritarisches Recht und dessen wesentliche Bestandtheile, welche im Commercium und Connubium begriffen sind, und es ist höchst unwahrscheinlich, und aller Analogie zuwider, daß die Auctoritas auch für das Gemeinland, als das Recht des Volkes daran, hätte gebraucht werden sollen. Statthafter schiene die Bezeichnung für das Recht des Possessors [2]). Diese Unwahrschein-

---

1) Diese Nachbildungen finden sich auch schon vor Gothofredus. So bei Marcilius die zweite und dritte, und die erste und dritte weit früher bei Charondas.

2) Man könnte gegen diese Behauptung z. B. Cajus anführen (Comm. II. §. 7. in eo solo (provinciali) dominium

lichkeit verbunden mit dem gänzlichen Mangel an Gegengründen, fordert die Annahme des Gegentheils. Der Satz, welchen Gothofredus durch jene Worte ausdrücken wollte, hätte also vielmehr erfordert: intra quinque pedes nulla auctoritas esto.

Bekannt ist, daß die Res religiosä nullius in bonis waren; der Satz findet sich an mehreren Orten unserer Quellen. Zu diesen Sachen gehörte auch das Forum oder Vestibulum des Sepulcrums. Dieß war eben der Grund davon, daß sie der Usucapion entzogen waren. Dieses Usucapionsverbot, welches Cicero erwähnt (de leg. II. 24.) mit den Worten: quod autem (lex) forum id est vestibulum sepulcri, bustumve usucapi vetat, tuetur jus sepulcrorum. Haec habemus in Duodecim etc., kann aber nicht so ausgedrückt werden, wie Gothofredus es versucht hat: fori bustive aeterna auctoritas, weil sich bei einer Sache, welche dem Commercium entzogen ist, so

---

populi Romani est vel Caesaris, nos autem possessionem tantum et usumfructum habere videmur) aber diese Anführung würde kaum gelten können. Es ist bekannt, daß in der Zeit der wissenschaftlichen Ausbildung Generalisirungen von Begriffen und Worten vorkommen und vorkommen müssen, welche man jedoch eben deshalb nicht in eine frühere Zeit übertragen darf.

wenig von Auctoritas in dieser Beziehung, als von Usucapion reden läßt.

Was endlich das dritte Gothofredische Gesetz anlangt, dessen Hauptquelle Cajus (Comm. II. §. 45.) ist (vgl. Justinians Institut. de usuc. §. 2.) so steht dessen Ausdruck zwar an sich nichts entgegen, und Gellius hat dieselbe Stelle aus der Lex Atinia allegirt. Mir scheint es aber überhaupt unnütz und einer richtigen Behandlung des Rechtsbuches unangemessen, dem Inhalt der zwölf Tafeln, welcher uns oft nur angedeutet ist, willkührlich eine beliebige Form zu geben, wie hier und sonst häufig geschehen ist [3].

6.

Ich komme auf die Stelle: Adversus hostem aeterna auctoritas. Wenn man aus dieser Stelle auf den sonst schon bekannten Rechtssatz schließt, daß ein Peregrinus nicht usucapiren könne, so hat man nicht Unrecht. Die Peregrinität besteht

---

3) Eine rühmliche Auszeichnung verdient in dieser Rücksicht der ältere Gothofredus in seiner Zusammenstellung der Fragmente nach der Ordnung der Pandekten, wo er auf die einfachste und anspruchloseste Weise, von der Sitte der Restitutoren abweichend, die Stellen aus den Classikern, welche er für die wichtigern hält, wörtlich aufzeichnet. Deshalb findet sich auch keine der angeführten drei Stellen in der modernen Gestalt bei ihm.

eben in der Unfähigkeit der römischen Rechtsverhältnisse, mithin des römischen Eigenthums, daher auch der Mancipation, Usucapion, theils an sich, theils als Art und Weise römisches Eigenthum oder römische Potestas zu erwerben. Vergeblich aber scheint mir das Bestreben zu seyn, in jenen Worten den unmittelbaren Ausdruck des genannten Rechtssatzes suchen zu wollen, oder vielmehr (da hier von einem ruhigen Besitz verjährter Güter die Rede ist) die Meinung falsch, denselben gefunden zu haben, und diese meine Ansicht soll hier ausführlich dargelegt werden.

Ich behaupte nämlich, daß man der Auctoritas an jenem Orte eine viel allgemeinere Beziehung als die besondere Anwendung auf die Usucapio zu geben hat, in welcher sie bisher betrachtet worden ist. Daß das Wort überhaupt eine allgemeinere Bedeutung hatte, kann schon aus der bisherigen Untersuchung der Usus auctoritas geschlossen werden. Denn die Verknüpfung beider Wörter hatte eben den Zweck, den neuen Begriff hervorzubringen, welcher das Rechtsverhältniß der vollendeten Usucapion bezeichnet. Die Wörter einzeln genommen, müssen etwas verschiedenes bedeuten, weil ihre Verbindung sonst etwas ganz überflüssiges seyn würde. Nun bezeichnet usus das factische Moment, die Art, wie in diesem Falle das rechtliche Moment entsteht, und wird auch, wie gezeigt wurde, allein gebraucht, wenn bloß das factische Verhältniß ausgedrückt werden soll. Auctoritas kann daher nicht auch für sich nur diese besondere Beziehung auf die Erwerbung durch fortgesetzten Besitz haben, welche sie als Usus auctoritas hat. Dazu kommt zweitens noch die oben angeführte Stelle aus dem 26. Capitel der Rede für den Cäcina, in welcher auctoritas allerdings im allgemeineren Sinne vorkommt. Dieß wird freilich, wie dort schon bemerkt worden ist, nicht durchgängig anerkannt, aber dem unbefangenen Leser des ganzen Capitels kann die behauptete Bedeutung des Wortes durchaus nicht zweifelhaft erscheinen. Zwar wird dort auch von der Usucapio, als einer Wohlthat des Jus civile gesprochen, als dem „finis sollicitudinis," aber nicht allein, sondern vielmehr im allgemeinen von dem Gegensatz des factischen und rechtlichen Moments am Eigenthume, wie die den oben angeführten Worten vorausgehenden Stellen dieses beweisen:

> Quod enim est jus civile? quod neque inflecti gratia, neque perfringi potentia, neque adulterari pecunia possit. Quod si non modo oppressum, sed etiam desertum, aut negligentius adservatum erit; nihil est, quod quisquam se habere certum, aut a patre accepturum, aut relicturum liberis arbitretur. Quid enim refert, aedes aut

> fundum relictum a patre aut aliqua ratione habere bene partum, si incertum sit, quae cum omnia tua jure mancipii sint, ea possisne retinere? si parum sit communitum jus? si civili ac publica lege contra alicujus gratiam teneri non potest? Quid, inquam, prodest fundum habere, si quae decentissime descripta a majoribus jura finium, possessionum, aquarum, itinerumque sunt, haec perturbari aliqua ratione, commutarique possunt?

Auctoritas heißt mithin dasjenige an einem Rechtsverhältniß, welches das rein juristische ist, wornach es als Recht geltend gemacht werden kann, die Rechtsgültigkeit, ein Moment also, das nicht bloß bei der Erwerbung durch fortgesetzten Besitz als Usus auctoritas, sondern bei jedem Rechtsverhältniß vorkam. Ich sehe dieß als die ursprüngliche Bedeutung an, aus welcher die übrigen juristischen und nichtjuristischen nach und nach geflossen sind. Auctor würde in diesem Sinne derjenige heißen, welcher das Subject dieser Auctoritas ist; ich weiß aber nicht, ob das Wort in dieser ursprünglichen Bedeutung in unseren Quellen vorkommt. Dagegen kommt auctoritas nach meiner Meinung also vor in unserer Stelle und bei Cicero. Betrachten wir die oben angegebenen Bedeutungen näher, so fließt die Bedeutung des Auctor als Vorgänger im Besitze sehr leicht aus der eben aufgestellten. Er ist das vorige Subject der Auctoritas. Eben so bei dem Uebergang der Auctoritas durch Kauf die Auctoritatis tabellä. Besonders merkwürdig ist die Auctoritas tutoris, weil hier das nämliche Verhältniß von factischem und rechtlichen Moment in zwei Personen getheilt vorkommt. Die Auctoritas des Tutor ist das rechtliche Moment, welches zur Begründung eines Rechtsverhältnisses erforderlich ist. Da ferner den Beschlüssen der Comitien die Bestätigung durch den Senat folgen mußte, was späterhin bei Umkehrung der Ordnung zur bloßen Formalität ward, und besonders dafür der Ausdruck: patres auctores fiunt gebraucht wird, so scheint hier eine ähnliche Idee zu Grunde zu liegen, und daraus der allgemeine Ausdruck Auctoritas Senatus entstanden zu seyn. Die Ableitung der Auctoritas als Recht der Gewährleistung ist schon oben geschehen.

Jene Stelle der zwölf Tafeln möchte also nach dieser Ansicht folgendes enthalten:

> Der Peregrinus ist eines römischen Rechtsverhältnisses unfähig, auf ihn kann daher kein solches übergehen. Derjenige, welcher Subject desselben ist, bleibt es rechtlicher Weise immer, wenn gleich von seinem Recht

etwa die factische Ausübung auf einen Fremden gekommen ist, also: adversus hostem aeterna auctoritas.

7.

Die praktische Bedeutung des Rechtssatzes muß man nicht bloß darin suchen, daß der Römer seine Sache immer habe von dem Fremden zurückfordern können. Indem man daran hängen blieb, kam man auf den im Eingange dieser Abhandlung berührten und widerlegten Einwand, das Gesetz sey eigentlich für die Peregrini gegeben. Aber dieß ist nicht der ausschließliche Sinn des Rechtssatzes. Derselbe hatte auch politisches Interesse.

Es ist bekannt, daß das Tributum nach der Angabe des Eigenthümers beim Census gezahlt, und daß auf die Veränderungen im Eigenthum in der Zwischenzeit von einem Census zum andern nicht Rücksicht genommen wurde. Bei Veränderungen, welche unter Römern vorgiengen, hatte dieß keine nachtheilige Folgen. Der neue Eigenthümer entschädigte seinen Vorgänger für die fortwährend von diesem zu tragenden Lasten. Bei freiwilligen Übergängen konnte dieß durch Übereinkunft ausgemacht werden [1]), bei nothwendigen war es wohl rechtliche Vor-

1) Niebuhr R. G. I. S. 399.

Vorschrift [2]). Das Grundeigenthum, von dem hier zunächst die Rede ist, war dann immer noch in römischen Händen, die Einforderung des Tributum von demjenigen, welcher am letzten Census Eigenthümer gewesen war, trug sehr zur Vereinfachung der Administration bei, und enthielt gerade nicht etwas ganz unbilliges [3]). Es war also wenigstens bestehendes, bekanntes Recht, und der Verkäufer konnte sich bei der Eingehung des Vertrags gegen Schaden vorsehen. Anders verhielt sich hingegen die Sache, wenn bei einem unglücklichen Kriege nach italischem Gebrauche Land verloren gieng, wie denn durch den porsenischen Krieg ein Drittheil der Regiones, also des freien Grundeigenthums an den Feind gekommen seyn soll. Der Verlierende erlitt hier nothwendig doppelten Verlust, da er von dem verlorenen Lande auch noch das Tributum tragen mußte. Aber welches war nun der Rechtsgrund dieser fortwährenden Einforderung, da das Land nicht mehr in römischen Händen war? Dieser eben, welchen jene Stelle enthält. Die Auctoritas blieb allerdings noch immer bei dem Römer, wenn auch der Besitz verloren war; er mußte daher das Tributum entrichten, bis er etwa beim nächsten Census

2) Dieß liegt so nahe, daß wenigstens ich die Hinzufügung dieses Falls zu dem ersten, von Niebuhr angeführten, für ganz unbedenklich halte.

3) Niebuhr a. a. O.

erklärte: er habe sein Eigenthum derelinquirt. Die Dereliction war dann der einzige Weg, wie er sich der ihm verderblichen Auctoritas entschlagen konnte [4]). Freilich hob er auch dadurch jeden Anspruch auf, welchen er ausserdem bei der Wiedereroberung als wirklicher Eigenthümer an seinen Grund und Boden hätte machen können, denn auch dieser Vorbehalt seines Rechts lag in jenem Satze [5]). Vielmehr wurde alsdann das Land als Gemeinland betrachtet, und kam erst durch Assignation wiederum in das Privateigenthum.

Eben so wie auf das Dominium muß die permanente Eigenschaft der Auctoritas gegen den Ho-

---

4) Wenn es für den mit praktischem Sinne Begabten etwas höchst unangenehmes ist, hin und wieder auf Rechtssätze zu stoßen, denen es scheinbar und für unsere Augen, zeitlicher Entfernung wegen, an eigentlichem Leben mangelt, so mögen wohl auch bloße Vermuthungen über dergleichen Punkte nicht ganz unbefriedigend seyn. Zu jenen Punkten gehört im römischen Rechte auch die Dereliction, und da die Römer einerseits ihre Rechtssätze nicht durch bloße Speculation bildeten, um das System zu vervollständigen (etwa wie man bei uns der Symmetrie wegen Fenster an die Häuser zu mahlen pflegt) andrerseits aber keine Nachricht auf uns gekommen ist, daß sie häufig Eigenthum von Belang weggeworfen hätten, so mag die Hinweisung auf einen praktischen Fall für die Dereliction so wenig unerheblich seyn, als beim Precarium, welchem Savigny die eigentliche Lebendigkeit verliehen hat.

5) L. 20. §. 1. de captivis.

stis vielleicht auch auf das patricische Recht der Possessiones (s. unten) gewiß aber auf die Potestas bezogen werden.

8.

Zuletzt ist nun noch von der Stelle zu handeln, welche jener Rechtssatz in den zwölf Tafeln einnehmen soll. Dabei muß ich vor allem einer Voraussetzung gedenken, welche Jacobus Gothofredus bei seiner Zusammenstellung stillschweigend gemacht hat. Ich erwähne dieselbe hauptsächlich deshalb, weil man sich nie einfallen ließ, sie durch Gründe unterstützen zu wollen, wiewohl sie die Grundlage aller bisherigen Ordnung ausmacht. Dabei ist weniger die Nichtbegründung von Seite derjenigen auffallend, welche diese Voraussetzung für ihre Behauptungen brauchen, denn dergleichen findet sich öfter, als die Sorglosigkeit derjenigen, welche für eine nicht unzweifelhafte Sache keine Gründe fordern.

Alle Stützpunkte, welche Gothofredus für seine Zusammensetzung anführt, und von welchen der Commentar des Cajus der bedeutendste ist, ruhen ihm (nach der Anwendung, welche er von ihnen macht) wiederum auf einer andern, von ihm nicht ausgesprochenen Annahme, der nämlich: die Tafeln seyen anzusehen als Hauptstücke des Gesetzes; nicht bloß als äusserliche Abschnitte, wie die verschiedenen Blätter eines Buchs, sondern als wirkliche systematische Absonderungen des Inhalts. Er nimmt an, jede Tafel habe einen besondern Inhalt gehabt, Tafel und Materie hätten zugleich angefangen und geendigt. Denn die wirklichen läßt er allerdings mit den systematischen gleich gehen, wiewohl es bei dieser Annahme etwas zufälliges wäre; ja man ist, wenn man die Sache überlegt, sogar genöthigt, sich die Tafeln entweder von ungleicher Größe, oder manche halb leer, oder endlich wie das Bett des Prokrustes vorzustellen. Wenn man nun weiter mit Jacobus annimmt, jedes Buch des Cajischen Commentars habe zwei Tafeln, also zwei Hauptstücke oder wie man sie sonst nennen will, commentirt, so muß demjenigen, welcher die bedeutende Masse des untergegangenen (also wenn auch nicht übergangenen, doch wahrscheinlich nur berührten) öffentlichen Rechts bedenkt, das Mißverhältniß zwischen den einzelnen Büchern ganz unerträglich scheinen. Man muß sich wenigstens den Schriftsteller anders denken als in seinen Institutionen, wo er die Intestaterbfolge von der testamentarischen schied und mit dem Obligationenrecht in einem Buche zusammenstellte. Es ist überhaupt sonst schon die Bemerkung gemacht worden, daß man bei den Libri oder Commentarii nicht an reinsystematische Eintheilungen denken dürfe; man könnte etwa sagen, es waren nicht sowohl Eintheilungen als Abtheilungen. —

Gothofredus dachte nicht an die Möglichkeit solcher Zweifel, und darum baute er sorglos fort auf wankendem Fundament, ohne eine festere Begründung auch nur zu wollen. Diese war denn aber auch wenigstens mit den Hülfsmitteln, welche er für seine Ordnung aufgebracht hatte, nicht zu erreichen. Ich zweifle überhaupt, daß sich jene Voraussetzung werde erweisen lassen. Ich für meinen Theil habe mich vergeblich um einen gründlichen Beweis bemüht. Vielmehr scheint mir als das natürlichere Verhältniß angenommen werden zu müssen, daß die Lex decemviralis auf zwölf Tafeln aufgezeichnet gewesen, gleichwie etwa eine Schrift auf zwölf Blättern, wenn auch solche Absätze und Anfänge, welche Perioden oder gar einzelne Wörter theilen, was hier kein Bedenken hat, dort mögen vermieden worden seyn — oder: sie war wie die Lex Galliä cisalpinä in ihrer ursprünglichen Gestalt. — Was die zwei letzten Tafeln anlangt, so kann man wohl gar keinen Anstoß nehmen, die Meinung Gothofreds, die eilfte befasse sich mit den fünf ersten, die zwölfte mit den fünf folgenden Tafeln, als schlecht ausgekünstelt und ganz ungegründet zu verwerfen. Diese Meinung hat gar nichts für sich, als daß zweimal fünf zehn ist, dagegen die größte Unwahrscheinlichkeit gegen sich. Denn nicht allein, daß sie sich auf die schon gerügte allgemeine Annahme stützt, weil sie sonst gar keinen Sinn hätte, so setzt sie auch voraus, die Decemvirn hätten zu allen Tafeln Supplemente zu machen gehabt, oder wenigstens statt der vorigen Abschnitte die Supplemente selbst mit Rubriken und Lücken supplirt, was vollends in den Quatuor fontes durch die bildliche Darstellung sehr naiv erscheint, man mag sich nun als den Sinn der Punkte denken, daß Jacobus nichts hatte, wo die Abbildung seines Leids in punktirter Manier noch Auctoritäten für sich hat und nur an diesem Orte auffällt, oder daß er glaubte, die Decemvirn hätten selbst nichts gehabt, wo dann diese Darstellung des Nichts an die Seele im Orbis pictus erinnert.

Der Grund, warum Jacobus Gothofredus unsere Stelle in die dritte Tafel setzt, ist kein geringerer als: weil nach l. 234. pr. de v. s. Cajus im zweiten Buche seines Dodekadelton schrieb: Quos nos hostes appellamus, eos veteres perduelles appellabant, per eam adjectionem indicantes, cum quibus bellum esset. Es sollen die eben angegebenen Zweifel, und daß der Hostis ja nicht bloß in unserer Stelle in den zwölf Tafeln vorkam, nicht auf diesen einzelnen Fall angewendet, sondern nur bemerkt werden, daß auch für Jacobus dieser Beweis hätte keiner seyn sollen. Denn wenn er seine zwölf Tafeln in die Augen faßte, mußte doch auch ihm die Stellung des Sazzes ganz unzulässig und ausser allem Zusammenhang erscheinen, da er auctoritas auf die Ersitzung bezieht, und in dieser Beziehung selbst gebraucht. Ich folge hierin Hugo[1]). Gothofredus kann sich gegen diesen Vorwurf selbst nicht mit seinem Hauptargumente schützen, dem Commentar des Cajus und dem zweiten Buche, weil ihn auch dieses nicht hinderte, die Stelle wenigstens in die vierte Tafel zu setzen. Hier ließe sich beim „Jus Connubii“ ein Zusammenhang denken, wenn er die Stelle auf die Ersitzung der Frau beziehen wollte, welche gegen einen Peregrinus nicht einmal die dreinächtliche Unterbrechung des Usus nöthig gehabt hätte, indem sich hier überhaupt die Erwerbung der Manus wegen der Peregrinität nicht denken ließ.

Des Versuchs, dem Satz eine geeignetere Stelle anzuweisen, enthalte ich mich für jetzt, und zwar schon um deswillen, weil ich nach meiner Ueberzeugung bei der Gestalt, welche das Rechtsbuch für uns hat, die gewöhnliche Bezeichnung mit Tafeln nicht brauchen könnte. Es bliebe nun bloß die Ordnung der Fragmente zur verständlichen Bezeichnung übrig, so daß ich angäbe, zwischen welche der übrigen Fragmente das unsrige einzugehören scheine. Aber dann müßte ich wenigstens diese bisherige Ordnung überhaupt für richtig erkennen, was in der That nicht der Fall ist.

---

1) G. d. R. R. (VII.) §. 96. not. 1. Man vgl. auch die allgemeinen Bemerkungen in §. 54.

9.

Bisher beschränkte sich die Untersuchung auf die Zeit, woraus wir das Fragment haben, und auf diejenige, welche derselben folgte, auf eine Zeit also, wo das Rechtsverhältniß schon die Gestalt erhalten hatte, deren Darstellung die vorhergehenden Blätter einnimmt. Für frühere Zeiten und für die Entstehung der Auctoritas lassen sich bloß Vermuthungen aufstellen. Aber auch diese sind wohl beachtungswerth, wenn sie innere Wahrscheinlichkeit haben. Es scheint eine sehr unächte Gründlichkeit zu seyn, Vermuthungen zu verschmähen; die ächte besteht in dem trennenden Bewußtseyn der Gewißheit und der Vermuthung. Die letztere ist so schätzbar, als die verständige Restitution eines verstümmelten Kunstwerks und gewährt dieselben Vortheile.

Wenn von der Geschichte eines Rechtssatzes vor den zwölf Tafeln gesprochen werden soll, so ist vor allem der Zustand des Rechts überhaupt in jener ältesten Zeit zu berücksichtigen. Die beiden Völkerstämme (Patricier und Plebejer) hatten ein ganz verschiedenes Recht, eine Erscheinung, welche sich merkwürdiger Weise bei der Erlöschung des römischen Namens wiederholt, wo die einwandernden Germanen in einem ähnlichen Verhältnisse zu den unterjochten Römern standen [1]). Die Aufhebung dieser Verschiedenheit wurde eben durch die zwölf Tafeln beabsichtigt, aber bloß in Absicht auf das Commercium größtentheils [2]) erreicht, wie dagegen Gemeinschaft der Familienverhältnisse durch die Patricier, obgleich nur für kurze Zeit noch verhindert worden war. Darf man nun annehmen, daß der eingewanderte und herrschende Stamm aus Etrurien kam, so ist vor den zwölf Tafeln (nachher nur als Ausnahme) tuskisches und latinisches Recht zu unterscheiden, und die Haupt-

---

1) Hugo sagt daher (Rechtsgesch. §. 42.), wenn ich ihn recht verstehe, wohl nicht ganz mit Recht von der Niebuhrischen Ansicht, es komme sonst nie etwas ähnliches vor.

2) Ob die Plebs des Rechts der Possessiones erst später fähig wurde, wie denn nach dem licinischen Volksschluß dieß als gewiß anzunehmen ist, oder ob vielmehr die zwölf Tafeln, wie den Patriciern das latinische Recht des freien Grundeigenthums, so den Plebejern jenes Recht mittheilten, vermag ich nicht zu entscheiden. Für das letztere spricht der Patricier Gewinn an Rechtsfähigkeit, welcher einen ähnlichen für den andern Stamm wenigstens als billig erscheinen läßt, zumal da immer nicht so bedeutende Folgen für die Plebs in diesem Erwerb lagen, als in der Theilnahme der Patricier am Dominium, wodurch sie in die Tribus kamen, Volkstribunen werden konnten, überhaupt für die damalige Zeit (bis das vorher getrennte allmählig zu einem Ganzen verschmolzen war) alle Vortheile einer doppelten politischen Eigenschaft genossen. Eine befriedigende Darstellung von dem Verschwinden des alten Stammunterschiedes, wenn sie möglich ist, würde auch diesen Punkt, wie unzählige andere zur Klarheit bringen.

frage für die früheste Geschichte eines Rechtssatzes, wenn er überhaupt ein so hohes Alter hat, scheint demnach zu seyn: ist er tuskischen oder latinischen Ursprungs?

Nach patricischem Rechte (sey es tuskisch gewesen, oder eines andern Volkes, oder endlich nur solchen Ursprungs, aber mit der Zeit bei dem fortgewanderten Zweige zu einem eigenthümlichen geworden) gab es, so viel uns bekannt ist, kein eigentliches Eigenthum an Ländereien, statt dessen hingegen die Possessio, den Besitz des Gemeinlandes [3]). Niebuhr vermuthete, das Wort possessio habe nur auf das Object sich bezogen [4]), und dann würde die

---

3) Vgl. Niebuhr römische Gesch. Thl. II. S. 359 fgg. Unsere historisch sichere Kenntniß von dem, was eigenthümlich patricisch gewesen, ist dürftig. Zuweilen haben wir nur erfahren, daß ein Recht nicht patricisch war, dessen die Patricier später entweder theilhaftig wurden, wie das Grundeigenthum, oder das ganz erlosch, wie die Schuldknechtschaft. (Man könnte diese patricisches Recht insofern nennen, als die Patricier es gegen den unterdrückten Stand ausübten, was nur nach den zwölf Tafeln, welche die Fähigkeit des Grundeigenthums ertheilten, ungerecht, vorher aber eine nothwendige Folge des mangelnden Commerciums an dem wichtigsten Theil des Vermögens war.) Ein unverwerfliches Kennzeichen patricischen Ursprungs ist wohl die Verbindung priesterlicher Gebräuche mit Rechtsverhältnissen.

4) a. a. O. Thl. II. S. 361. Not. 72.

Aufsuchung eines Ausdrucks für das Rechtsverhältniß sogar nothwendig seyn, aber auch ohne jene Annahme kann ein Wort darauf angewendet werden, wenn zumal von demselben, als von einem allgemeineren Begriff geredet wird. Mir ist es nämlich einmal nicht unwahrscheinlich, daß die rechtliche Gültigkeit jenes Verhältnisses durch auctoritas ausgedrückt worden sey, und somit der Ursprung dieses Begriffes in dem patricischen Recht gesucht werden müsse, ohne ihn jedoch nothwendig auf die Possessio zu beschränken. Ich zweifle nicht, daß einem Kundigeren mehreres sich zur Begründung darbieten werde; ich kann folgendes anführen. Es ist bekannt und auch in dieser Abhandlung bemerkt worden, daß auctoritas der eigene Ausdruck für die Wirksamkeit des römischen Senats, auch der Magistratus ist. So ist ebenfalls oben auf den merkwürdigen Gegensatz bei mehreren römischen Schriftstellern von Auctoritas (des Senats) und Potestas (der Tribunen, des Volks überhaupt) aufmerksam gemacht worden. Nun ist der Senat ein eigenthümlich patricisches Institut, so wie die Magistratus ursprünglich patricisch; die natürlichste Meinung möchte daher seyn, dem technischen Ausdruck denselben Ursprung zu geben, welchen die Sache selbst hat. Ist es aber nicht unwahrscheinlich, daß die Auctoritas bei jenem Stamme einheimisch war, so kann es auch nicht verwerflich seyn, sie auf solche Verhältnisse zu beziehen, welche mit denen Aehnlichkeit haben, auf die sie nach erfolgter

Gemeinsammachung des Rechts wirklich bezogen worden ist. Diese Beziehung wird auch dadurch unterstützt, daß die Aufzeichnung des doppelten, künftig in der Regel für beide Stämme gültigen Rechts durch Patricier geschah, welche die ihnen geläufige Bezeichnung ihrer Rechtsverhältnisse auf die ähnlichen bisher ausschließend plebejischen übertrugen. So sollte denn also künftig der Ausspruch: adversus hostem etc. nicht bloß für die bisher mit auctoritas bezeichneten Rechte gelten, sondern auch für das Grundeigenthum den vermuthlich ebenfalls vorher schon dafür bestehenden Rechtssatz bezeichnen. Wenn dieser Rechtssatz im patricischen Rechte, wie nicht zu bezweifeln ist (den Standpunkt gegen die Auswärtigen hatten alle italischen Völker gemein) schon vor den zwölf Tafeln existirte, so hätte er unter andern auch die besondere Anwendung auf die vorigen Eigenthümer des eroberten Landes gehabt, welchen nur ein Theil ihres Grundeigenthums gelassen worden war.

Ferner wäre es wohl denkbar, daß auch bei den Possessiones ein Erwerb des Rechts durch fortgesetzten Besitz vorkam (so wie wahrscheinlich die Occupatio in diesen Verhältnissen ihre Quelle hat), ähnlich dem Erwerb des Eigenthums durch solchen. Dann hätte die Redaktion des Rechtssatzes in den zwölf Tafeln, welcher die Zeitbestimmung enthält, und namentlich das von Cicero nach späterem

Rechte erweiternd interpretirte Wort fundus einen sehr bestimmten Sinn [5]).

Vielleicht läßt sich aus diesem tuskischen Ursprung des Wortes das Verschwinden desselben nach seiner eigentlichen Bedeutung im Vermögensrechte leichter erklären. Dieses Erlöschen und Untergehen bis auf mehr oder weniger unkenntliche Spuren findet sich z. B. bei dem Recht der Possessiones überhaupt, ferner bei der Bezeichnung des patricischen Stammes, und noch mehr bei dem Stande selbst. So hängt auch diese Erscheinung durchaus mit dem Schicksale der römischen Verfassung zusammen.

So weit meine Vermuthungen über den Ursprung der Auctoritas. Ich habe mich enthalten, manches benachbarte Gebiet zu betreten, auch bei nahe liegender Veranlassung. Ein Zügel ist nirgends nöthiger als im unendlichen Reich der Conjecturen, weil immer eine die andere erzeugt, und kein Gebäude bequemer und lustiger emporsteigt, als ein in die Luft gebautes. Denn wie das Auge in hellen Sommerwolken zur Zeit der Abendröthe sich Seen und Klüfte aushölt, und Berge und Schlösser in die Höhe treibt, so ist es umgekehrt angenehm, durch lange Jahrhunderte entrückte irdische Gestalten Wolken gleich im dunklern Abendhimmel der Geschichte zu erblicken. Uebrigens

5) S. oben S. 25.

sind gerade bei unserm Gegenstand Vermuthungen etwas ganz unbedenkliches, weil wir von den rechtlichen Eigenthümlichkeiten des Ager publicus höchst dürftige Nachrichten haben, demnach eine Vermengung des bewiesenen und vermutheten nicht zu besorgen ist.

10.

Eine Literärgeschichte der bisher behandelten Materie würde hier an ihrem Platze seyn. Obgleich aber eine solche Untersuchung nicht weniger anmuthig ist, während sie angestellt wird, als ersprießlich, wenn sie vollendet worden ist, so muß dennoch wegen eines auch in der bisherigen Darstellung nicht selten fühlbaren Mangels an hinlänglichem literärischen Apparat auf ein solches Unternehmen Verzicht geleistet werden. Dieses möge die Dürftigkeit der Bemerkungen entschuldigen, welche diesen letzten Abschnitt einnehmen.

Die Erklärungen unserer Stelle lassen sich in zwei Classen bringen, von welchen die eine sich hauptsächlich das Wort hostis zum Gegenstand der Untersuchung gewählt, die andere dagegen, sich mit der Ciceronischen Erklärung des Hostis begnügend, lediglich auf auctoritas ihre Aufmerksamkeit gerichtet hat. Von jener ist schon im zweiten Abschnitte die Rede gewesen. Die letztere Classe hat wiederum zwei Unterabtheilungen, indem der Auctoritas entweder die bestimmte Beziehung auf die Usucapion, oder eine dieselbe nur mittelbar und folgerungsweise einschliessende Bedeutung zugetheilt wird.

Für die erste dieser zuletzt erwähnten Ansichten mag hier vor allen Hotomanus angeführt werden [1]. Zwar dieser scheint auf den ersten Anblick einen Schritt weiter gegangen zu seyn, und nicht mehr zu dieser Abtheilung zu gehören. Er erklärt nämlich die Usucapio fundi als jus dominii, atque auctoritas, quam usus fundi biennis affert; ferner die Auctoritas als jus, quo rem aliquam jure civili acquisitam, nostram esse affirmamus. Sobald er jedoch auf die Erklärung der Stelle: adversus hostem etc. kommt, findet sich die Beschränkung auf die Usucapion, so daß man bei seinem Unvermögen, den Begriff kurz nach seiner Aufstellung anzuwenden, glauben muß, derselbe sey ihm in seiner der Wahrheit näher gekommenen Allgemeinheit, ganz unwillkührlich entfallen. Dieß wird dadurch bestätigt, daß er statt des angeführten nach wenigen Zeilen wieder den ganz gemeinen: auctoritas pro jure ex usucapione quaesito

1) Zu der Rede für den Cäcina, besonders Cap. 19. Hieher gehören überhaupt die meisten Aelteren und Neuern, welche in ihren Untersuchungen auf unsere Stelle gekommen sind, und sie haben auch, so viel mir bekannt ist, im ganzen gewöhnlich denselben Weg wie Hotomanus eingeschlagen.

aufstellt. Dafür allegirt er L. ult. de evict., wo die ganz verschiedene Bedeutung des Worts durch die Erklärung des Juristen selbst ausser Zweifel gesetzt wird, und deren Sinn, wenn auch die Authenticität dieses Zusatzes in Zweifel gezogen werden wollte, hierdurch selbst zweifelhaft, also zur Begründung einer Bedeutung untauglich werden würde. Ferner führt er die bekannte Stelle aus der Rede de haruspicum responsis [2]) an. Nun muß zwar zugegeben werden, daß der Verfasser dieser Rede vorhandene juristische Ausdrücke gewählt und (freilich höchst abentheuerlich) zusammengestellt habe. Aber die Stelle ist an sich so beschaffen, daß aus ihr weiter nichts entnommen werden kann, als die Existenz jenes Wortes als eines juristischen, welche ohnedieß bekannt und erwiesen ist [3]).

Noch

2) cap. 7. Multae sunt domus in hac urbe, P. C., atque haud scio, an paene cunctae jure optimo: sed tamen jure privato, jure hereditario, jure auctoritatis, jure mancipii, jure nexi. Nego esse ullam domum aliam aeque privato jure, atque optima lege, publico vero omni praecipuo, et humano et divino jure munitam.

3) Indem ich obiges niederschreibe, kommen mir folgende Worte Savigny's in den Sinn, welche, bei einer andern Gelegenheit gesagt, auch hier Anwendung und Bestätigung finden. „Hotomanus kann hierin, wie in so vielen Stücken des juristischen Alterthums, als Haupt der irrigen Meinungen betrachtet werden: denn obgleich andere vor

Noch bessere Anlage zur Wahrheit, durch richtige Hervorhebung der Idee, welche der Auctoritas zu Grunde liegt, aber fast eben so schlechter Gebrauch findet sich bei dem Recensenten von Unterholzner's nachher anzuführendem Werk in den Heidelberger Jahrbüchern [4]), dessen Darstellung mir erst kurz vor dem Abdruck dieser Blätter zugekommen ist. Auch hier wird die Auctoritas in der Anwendung auf unsere Stelle auf die Usucapio beschränkt, und somit gehört sie ebenfalls zu dieser Classe. Aber der Verfasser hat ausserdem noch eine ganz besondere Ansicht, welche nicht unerwähnt gelassen werden soll. Wie in der Stelle: adversus hostem etc. auctoritas sich auf den alten Eigenthümer beziehe, so müsse dieß auch bei der Zusammensetzung mit usus geschehen, so daß hier ein ähnlicher Gegensatz wie in emtio venditio, locatio conductio vorkomme. Hiernach hätte der Rechtssatz, der die Zeitbestimmung enthält folgenden Sinn: der Usus (des Usucapienten) müsse 2 Jahre währen, um das Eigenthum hervorzubringen, so lange dauere

---

ihm auf ähnlichem Wege gewesen sind, so hat er doch die Sache am sorgfältigsten behandelt, und so am meisten zur Befestigung des Irrthums beigetragen." — Als Grund seines Einflusses kann auch noch sein durch die mit den Noten Verschiedener versehenen Ausgaben der Ciceronischen Reden vergrößertes Publikum aufgezählt werden.

4) Jahrgang 1817. S. 565. fg.

auch die Auctoritas (das Recht des vorigen Eigenthümers). Gegen die Wahrheit dieses Inhalts ist nicht nur nichts einzuwenden, er ist sogar zum Erstaunen handgreiflich, indem er den unbestreitbaren Satz ausspricht, das Eigenthum dauere genau so lange, bis es aufhöre. Desto irriger ist aber die Meinung, jene Worte bei Cicero könnten wirklich diesen Sinn haben. Ususauctoritas fundi biennium est heißt, wörtlich übertragen: ein zweijähriger Zeitraum (nämlich der Besitz während desselben) soll als Auctoritas gelten (mithin als Ususauctoritas). Nach der angeführten Meinung würde also sowohl das ersessene Recht, als das Recht des alten Eigenthümers nach zwei Jahren bestehen, was freilich wohl jener Gelehrte nicht behaupten wollte. Da seine Conjectur bei jenem Texte etwas völlig widersinniges hervorbringt, so müßte er denselben wenigstens zu emendiren und seiner Ansicht dadurch anzupassen suchen, daß er mit Hotomanus statt biennium biennis setzte. Auf diese Weise wäre, wenn gleich mit einem Verstoß gegen die erste Regel der Critik, doch jener Vorwurf vermieden worden [5]).

5) Auf einer unrichtigen Uebersetzung beruht auch die Erklärung, welche Christian Chlum von jener Stelle giebt (über das Recht des Besitzes, Gießen 1813. S. 7. Die frühere Schrift, von welcher diese eine Fortsetzung ist, ist mir nicht zu Handen.) „Der Besitz (ususauctoritas —

Es mag hier noch als eine besondere die Meinung Dabelow's stehen, welcher nicht allein über den Hostis (s. oben S. 8.) sondern auch über die Auctorias die bisherigen Irrthümer zu berichtigen versucht hat. Die Auctoritas in unserer Stelle, oder nach ihm die Auctoritas usus (denn er supplirt dieses Wort hier und auf diese Weise) ist ihm bloß ein Schutz des Besitzes zur Strafe desjenigen, der sein Recht gegen den Besitzer nicht zur gehörigen Zeit verfolgt habe, also auch nur gegen diesen, nicht gegen einen dritten. Insofern er die Auctoritas in dieser Stelle wie Usus auctoritas erklärt, gehört seine Meinung zu dieser Classe. Die besondere Erklärung aber ist sein Eigenthum, und ich kann keinen anführen, welcher mit ihm hätte theilen wollen. Irgend etwas, das einem Beweise ähnlich sähe, findet sich zwar bei ihm nicht, wohl aber eine äusserst merkwürdige Darstellung, worin eine Menge willkührlicher Sätze an einander gereiht werden, welche sich gegenseitig unterstützen sollen, indem immer der vorhergehende durch den folgenden und um-

---

wie factum und animus) müsse zwei Jahre dauern." Abgesehen von der Begründung dieser Bedeutung von Auctoritas widerspricht schon die Fassung des Satzes dieser Meinung. — Eben so wenig mit der Construction übereinstimmend ist die bei Hugo (§. 95.) angeführte Conjectur, als heiße das eine der zusammengesetzten Worte bonitarisches Eigenthum, das andere Bona fidei possessio.

gekehrt bewiesen wird. Eine der daselbst ausgelegten Seltenheiten wurde schon oben (S. 26.) erwähnt. Dabei ist zu bemerken, daß Dabelow doch noch Vorgänger aufgetrieben hat, über welche er sich lustig macht, wie z. B. Bouchaud, von dem er eine Erklärung mit den Worten anführt: „das nenne ich mir doch ein Fragment des Zwölftafelngesetzes erklären."

Ich gehe über zu der zweiten Abtheilung, wie sie durch die oben bemerkte Ansicht gebildet wird. Bestimmter geht diese Meinung dahin, daß die Auctoritas die Verbindlichkeit zur Gewährleistung sey. Sie findet sich, so viel ich weiß, zuerst bei Salmasius [6]) und zuletzt bei Unterholzner [7]). Die Darstellung des letzteren Gelehrten, gewinnt an Interesse dadurch, daß er unabhängig von Salmasius auf diese Erklärung gekommen ist, und soll, als die sorgfältigere, der Gegenstand der jetzigen Prüfung seyn.

Da die hier aufgestellte Bedeutung begründet ist, und gegen die Annahme ihres Alters nichts er-

---

6) de usuris cap. VIII. — Ev. Otto (praef. ad Tom. III. Thes. p. 34.) vereinigt diese und die vorige Ansicht, indem er beiderlei Inhalt direct in dem Fragmente findet.

7) Die Lehre von der Verjährung durch fortgesetzten Besitz. Breslau 1815. § 3. u. §. 10.

weisliches eingewendet werden kann, so beschränkt sich die Untersuchung von selbst auf die Anwendung, also auf die Gestalt, welche unsere Stelle durch dieselbe erhält. — Unterholzner giebt zwei Erklärungen, indem er einmal adversus in der Bedeutung wie in bonorum possessio adversus tabulas, dann aber wie contra nimmt. Die letztere Erklärung, welche er selbst die weniger gute nennt, die aber in der That ganz unstatthaft ist, wird also ausgeführt: daß dem Erwerber einer einem Fremden zugehörigen Sache ein ewiges Recht der Gewährleistung gegen denselben zustehe. Es wird nämlich hier vorausgesetzt, daß die Sache des Fremden eben so wenig durch den Römer, als die Sache des Römers durch den Fremden habe usucapirt werden können. Dieß ist nun aber eine ganz falsche Voraussetzung. Das Usucapionshinderniß beruht ja nicht auf der Eigenschaft der Sache, sondern der Person, wie denn Unterholzner selbst den Fall unter die Beschränkungen der Verjährung in subjectiver Hinsicht gesetzt hat. — Die erste Erklärung ist so gegeben: Zu Gunsten des Fremden soll ein ewiges Recht auf Gewährleistung Statt finden, eben weil er nicht durch Usucapion der Entwährung entgehen kann. Auch dieses ist wohl nicht ganz richtig ausgedrückt. Adversus heißt nicht zu Gunsten[8]) und

8) So auch in dem Ausdruck b. p. adversus tabulas, aus welchem man jene Bedeutung ableiten wollte. Das Wort

auctoritas nicht das Recht auf Gewährleistung. (Dieß ist auch der zweite Umstand, welcher jener zweiten Erklärung entgegensteht.) Adversus heißt gegen, gegenüber auch hier, und auctoritas gerade umgekehrt die Eigenschaft des Auctor als Gewährleister, so daß die Erklärung vielmehr so lauten muß: dem Fremden gegenüber hat die Auctoritas eine ewige Dauer, d. h. hat der Auctor immer die Eigenschaft, daß er zur Gewährleistung verpflichtet ist. Diese Ansicht hat aber nicht allein den ungefährlichen Kampf mit derjenigen zu bestehen, deren Darstellung auf diesen Blättern versucht worden ist, sondern sie steht auch dem allgemein angenommenen Satz entgegen, daß der Peregrinus eines römischen Rechtsverhältnisses unfähig war. Denn er soll mit dem Römer in einem obligatorischen Verhältniß der Gewährleistung stehen, und Unterholzner wird, indem er jenes Fragment als den Sitz des Rechtssatzes ansieht, schwerlich behaupten wollen, daß dieses Verhältniß kein römisches gewesen sey. Schon der technische Name Auctoritas beweist die eigenthümlich römische Eigenschaft, wenn wir der übri-

---

ist auch dort in einem nicht ungewöhnlichen Sinne genommen. Eben so wenig in L. 5. de usurp. et usuc., welche Cujacius ad Ulpian. XX. 14. mit Unrecht anführt, und wo das günstige nur zufällig in der Sache liegt, nicht im Worte. Endlich enthält auch Ulpian a. a. O. kein Argument für jene Bedeutung, wie aus den Worten selbst erhellt: ut adversus leges civitatis suae testetur.

gen Verhältnisse gedenken, für die er vorkommt, und welche unbezweifelt diese Eigenschaft besitzen; ganz besonders muß Unterholzner selbst dieß annehmen, weil er auch in den andern Fragmenten, wo nur von Römern die Rede ist, den Ausdruck also erklärt. Dazu kommt noch, daß die Annahme einer Ausbildung des Jus Gentium in jener frühen Zeit (vor den zwölf Tafeln) alles gegen sich hat. Man kann dagegen nicht die Nothwendigkeit eines häufigeren Verkehrs mit Auswärtigen selbst in älteren Zeiten vorwenden, denn für den nothwendigen Verkehr waren die nächsten Auswärtigen (im natürlichen Sinne) Latinen, mit welchen Commercium bestand. Es müßte also bewiesen werden, daß für diesen einzelnen Fall eine Ausnahme von dem Rechte der Peregrinität gemacht worden sey, ein Beweis, dessen Unternehmung schon deswegen nicht zu rathen ist, weil in diesem Falle die Folge der Rechtsunfähigkeit (zu usucapiren) Rechtsfähigkeit (zu klagen oder wie man es ausdrücken will) seyn würde.

II.

Ueber den Namen der s. g. Lex Galliä Cisalpinä.

Vielleicht bestätigt sich im wissenschaftlichen Leben so häufig als im bürgerlichen die Bemerkung, daß dasjenige, was wir Zufall zu nennen pflegen, ganz unerwartet mit den Gütern schaltet, welche wir eher dem Fleiße, der Geschicklichkeit, dem Verdienste gönnen möchten. So kann ich es nur einen solchen Zufall nennen, daß den Männern, welche sich mit der Mittheilung und Erklärung des in der Ueberschrift genannten Volksschlusses beschäftigten, der eigentliche Name desselben entgieng, zumal, da er sich wohl in der Urkunde selbst, wie sie auf uns gekommen ist, befindet. Zuweilen zeigt sich ein Punkt dem, welcher weniger weiß, aber unbefangen in einer guten Stunde den Gegenstand betrachtet, während er demjenigen entgeht, welcher mit einer großen Masse von Kenntnissen, mit vieler Vorbereitung, aber eben darum vielleicht mit befangenen oder mehr auf das Ganze gerichteten Sinnen der Sache seine Aufmerksamkeit und seine Kräfte widmet.

Die Darstellung meiner Meinung wird kurz seyn, besonders deshalb, weil die Quellen über diesen Punkt und somit auch die Gründe sehr spärlich gegeben sind, ja sich auf die Urkunde selbst beschränken.

In dem zwanzigsten Abschnitt der Lex wird von dem Damnum infectum gehandelt. Nachdem die Lex vorgeschrieben hat, was derjenige, welcher Caution fordert, vor Gericht zu thun habe, wohin namentlich die Ableistung des Calumnieneids gehört, so bestimmt sie das darauf zu erlassende Decret. Würde der Gegner diesem Decret nicht Folge leisten und unterdessen der Schade wirklich entstanden seyn, so solle es so gehalten werden, als ob die Caution in der That geleistet worden. Der Magistratus u. s. w. habe daher eben so zu verfügen, als wenn die Repromission oder Satisdation erfolgt wäre. Für diese Verfügung nun werden zwei Formulare vorgeschrieben, eines für den Fall, wo der Gegner zur Repromissio (Z. 22—31.) ein anderes für den Fall, wo er zur Satisdatio (Z. 32—40.) verpflichtet war.

In diesen beiden Formularen wird die Lex Rubria, stets an derselben Stelle, angeführt, nämlich so: si ex decreto IIviri praefec. ve

Mutinensis quod ejus (is im zweiten Formular) IIvir IVvir praefec. ve ex lege Rubria sive id pl. ve sc. est[1]) decreverit Q. Licinius eo nomine qua d. r. a. L. Seio damni infecti repromittere (satisdare) noluit c. s. n. p. a. Es wird sich hier auf die erste Verfügung des Gerichts berufen und gesagt, dieselbe sey ex lege Rubria geschehen. Welche Lex ist nun diese, die nach unserem Volksschluß in der Formel allegirt werden soll? Nach meinem Dafürhalten ist es keine andere, als unsere s. g. Lex Galliä Cisalpinä selbst, denn die Erlassung der Verfügung, welche nach der Formel ex lege Rubria geschah, hatte sie im Eingange dieses Abschnittes vorgeschrieben.

Schon deswegen also, weil die Lex, welche das Formular vorschreibt, den Satz selbst enthält, für den die Allegation in der Formel geschieht, ist das nächste und natürlichste, daß das Formular diese Lex selbst citire. Ich glaube daher, es müsse so lange angenommen werden, daß der Volksschluß, von welchem wir das Fragment besitzen, Lex Rubria oder mit Hinzufügung einer Inhaltsbezeichnung Lex Rubria de Gallia Cisalpina ge-

---

1) pl. ue sc. ist entweder ein Schreibfehler, oder in der Urkunde steht plebisc. oder plebisc.

heissen habe, bis durch sichere Gründe das Gegentheil ausser Zweifel gesetzt ist. Denn das letztere ist bei weitem unwahrscheinlicher als unsere Annahme.

Es kommt aber noch ein anderer Grund hinzu. Das Allegat hat den sonderbaren Zusatz: sive id plebscitum est. Wäre ein schon vorhandener Volksschluß angeführt worden, so würde dieser Zusatz ganz unbegreiflich seyn. Man könnte zwar glauben, es sey durch die Länge der Zeit ungewiß geworden, ob jener Volksschluß eine eigentliche Lex oder ein Plebiscitum gewesen. Aber dieß läßt sich deswegen nicht annehmen, weil der Gebrauch für eine Art der Citation entschieden hätte; von einer wissenschaftlichen Wahrheit, bei welcher allerdings kein Gebrauch entscheidet, kann hier nicht die Rede seyn. Und nach der gewöhnlichen Angabe des Inhalts der Lex Rubria, deren Quelle übrigens bloß unser Fragment ist, findet diese Erklärung ohnehin nicht statt, weil der Gegenstand, welchen man ihr zutheilt, nämlich der Wirkungskreis der Behörden in den Provinzen nicht so sehr alt ist. Durch die obige Erklärung verschwindet diese Schwierigkeit. Ist nämlich die Lex Rubria die s. g. Lex de Gallia Cisalpina selbst, so ist gar nicht auffallend, wenn in dem vorzulegenden Entwurf dieser Punkt unbestimmt ausgedrückt wurde, da es noch ungewiß seyn konnte, in welchen Comitien derselben angenommen werden würde [2]). Nach der Sanction blieb dieser Zusatz, entweder weil an dem Volksbeschluß nichts mehr geändert werden durfte, oder aus Nachlässigkeit des Expedienten.

2) Merkwürdig ist dann auch diese Hinweisung auf verschiedene Comitien für die Zeit, worein der Volksschluß gehört.

III.

Ueber die Wegservituten des römischen Rechts.

1.

Die erste Veranlassung zu dieser Abhandlung gaben die bisherigen Erklärungen des Unterschieds zwischen dem Actus und der Via, indem keine von denjenigen, welche mir bekannt geworden sind, mich befriedigte [1]. Meine eigenen Untersuchungen über diesen Punkt konnten sich natürlich nicht auf eine bestimmte Zeit beschränken, sondern mußten von dem ältesten Zeitalter, aus welchem wir Quellen besitzen, ausgehen. Den nämlichen Gang wird auch die folgende Aufzeichnung ihrer Resultate nehmen, und somit zuerst die zwölf Tafeln zu berücksichtigen haben, insofern in einem Fragmente derselben von den

1) F. A. Biener (Comm. de differentiis itineris, actus et viae genuinis. Lips. 1804.) hat sich vornämlich mit der Sammlung der verschiedenen Meinungen beschäftigt.

Wegservituten die Rede seyn könnte (§. 2 — 5.) Nachher wird das zur Sprache kommen, was aus dem Zeitraum von diesen an, bis auf die Zeit der wissenschaftlichen Ausbildung von jener Lehre bekannt ist. (§. 6.) Darauf wird die Darstellung des Gegenstands in der dritten Periode folgen (§. 7—13.)

2.

Rechtsbücher älterer und neuerer Zeit sind in der Epoche der Rechtswissenschaft, welche der jetzigen vorhergeht, in Absicht auf ihren Zweck und ihren Einfluß auf das Recht des Volks gewöhnlich verkannt worden. Die Ursache hievon war einmal die beschränkte Ansicht von der Entstehung des Rechts, dann aber auch der neuentstandene Begriff von einem Gesetzbuche, welches nicht die Niederlage des bestehenden, sondern die Quelle eines neuen Rechtes sey, ein Begriff, welcher theils eine Folge jenes Irrthums, theils eine Ursache seiner weitern Verbreitung war. Unter jene verkannten Rechtsbücher gehört auch dasjenige, welches den Namen lex duodecim tabularum zum Theil von der Art seiner Anerkennung, zum Theil von seiner äussern Gestalt erhalten hat. Die unrichtigen Ideen von dem Wesen dieser Rechtssammlung zeigten sich sowohl in allgemeinen Ansichten über Zweck und Inhalt, als in der Behandlung der uns überlieferten Fragmente, und in der Erklärung einzelner Stellen.

Was die allgemeinen Ansichten anlangt, so wurde in jener Zeit zur Betrachtung der zwölf Tafeln nicht selten die Meinung mitgebracht, als seyen sie ein Gesetzbuch im neueren Style gewesen; die weisen Gesetzgeber hätten sich mit Benutzung fremder Rechte, vielmehr ebenfalls Gesetzgebungen, die heilsamsten und zweckmäßigsten Bestimmungen ausgedacht, und diese dem Volke statt der bisher gültigen „königlichen Gesetze" hingegeben, eingegraben auf zwölf ehernen, oder elfenbeinernen Tafeln, worüber man keineswegs vollkommen einverstanden war. Es galt hiernach für ein sehr achtungswerthes und ersprießliches Verfahren, einem Punkte des alten römischen Rechts seine Aehnlichkeit mit irgend einem griechischen Rechtssatze anzufühlen und diesen als die Quelle jenes anzuführen; und freilich wurde diese Neigung durch den Vortheil, griechische Schriftsteller citiren und mit gewichtigen und bunten Noten den Ruhm eines gründlichen oder gar eines eleganten Juristen erlangen zu können, nicht wenig begünstigt und genährt. Damit stand ferner in Verbindung, daß man die Abfassung eines Civilrechts für ein dringendes Bedürfniß der damaligen Zeit, und für den eigentlichen Zweck der Decemvirn hielt [1]. Daraus folgte dann wieder, daß das Ci-

1) Ein trauriger Fund ist es, zu welchem H. Wachsmuth in seiner Untersuchung der älteren Geschichte des römischen

vilrecht als der bedeutendste und umfassendste Theil des Inhalts angesehen wurde, so daß dasjenige, was die Verfassung betraf, in eben dem Verhältnisse zu jenem gestanden wäre, in welchem es nach den heu-

Staats (1819) Veranlassung giebt. In dieser kritischen Abhandlung findet sich nämlich S. 345 fgg. bei Gelegenheit der zwölf Tafeln noch durchgängig die alte todte Darstellung, deren man sich seit Niebuhr's trefflichen Bemerkungen auch bei einem nichtjuristischen Historiker überhoben glauben konnte. Von juristischen Schriften wird ohnedieß leider zu wenig Notiz genommen. Was ein Historiker mit Rechtskunde vermag, haben wir gesehen, was ohne dieselbe namentlich in der römischen Geschichte zu Tage gefördert wird, das sehen wir auch und etwas häufiger. So haben wir in dem angeführten Buche wiederum die beliebte, vage „Gleichheit vor dem Gesetze" statt der Gemeinsammachung der Volksrechte; daß die Plebejer „nicht ausdrücklich neue Gesetze verlangten," wird fast als Etwas ganz besonderes hingestellt. Der gute Ausdruck: „Gesandte giengen, fremde Verfassungen kennen zu lernen," ist unwillkührlich, denn er hat nicht die erwartete Folge. Ferner war es „bei der decemviralischen Gesetzgebung zunächst auf eine Verbesserung des Privatrechts abgesehen" u. s. w. Der Kampf mit Niebuhr (das ganze Buch ist ein Feldzug gegen diesen, gleichsam ein Luxemburgischer Einfall in die Provinz Holland, unterstützt durch die Recensenten, wie jener durch den Frost des Decembers 1672; leicht schmilzt römisches Clima die Eisspitzen der Pfeile und Lanzen dieses Kriegs- und Hülfsvolks, und Mann und Maus ersäuft) dieser Angriff also ist eben wegen Rechtsunkunde bei rechtlichen Gegenständen, z. B. der Clientel, der Possessio rc. unglaublich matt.

heutigen Restitutionen steht. Freilich konnte an der Richtigkeit dieser Gleichstellung schon der bekannte Satz Zweifel erregen, daß den Schriftstellern, welche uns die Fragmente überliefern, bei weitem der größte Theil desjenigen, was die zwölf Tafeln über Staatseinrichtungen enthielten, als etwas untergegangenes und veraltetes erschien, wogegen die Civilrechtssätze der Sammlung im ganzen bis Justinian wenigstens theoretisch die Grundlage des gesammten römischen Rechts waren. — Erst in neuern Zeiten sind ziemlich allgemein unter den Juristen, welche eine Stimme haben und haben wollen, durch das Vorangehen einiger, auch nichtzünftiger, Männer, deren Namen nicht genannt zu werden brauchen, richtigere Ansichten geltend geworden.

In der Behandlung der Fragmente hat vornämlich die Arbeit des Jacobus Gothofredus eine Auctorität erhalten, welche fast wunderbar erscheinen möchte, wenn man diese einzelne Erscheinung ausser ihrem Zusammenhange mit dem Zeitalter betrachtet [2]). Auch hievon ist man größtentheils zurückge-

2) In der That steht er auch hoch über vielen seiner Vorgänger. Bei manchen derselben ist vornämlich der Glaube auffallend, der Entwurf eines Gesetzbuchs, welchen Cicero nach Platons Beispiel in seinen Büchern de legibus macht, wären die zwölf Tafeln oder ein Theil derselben selbst. Merkwürdig sind auch manche Erklärungen einzelner Stel-

kommen, und auch hier ist die bessere Ansicht das Verdienst Weniger, welchen wir überhaupt mehr verdanken, als danken.

Auch die Erklärung einzelner Stellen endlich hängt zuweilen mehr oder weniger mit den allgemeinen Ansichten über das Wesen eines Rechtsbuches zusammen. Dieß zeigen z. B. verschiedene Behandlungen der Stelle, welche die erste dieser Abhandlungen zum Gegenstand hatte. Hier soll wiederum von einer solchen Stelle die Rede seyn, gegen diejenige Meinung, welche noch immer die herrschende genannt werden kann, obgleich schon längst in einem sehr verbreiteten Lehrbuche [3]) die Andeutung zur richtigeren Erklärung gegeben ist. — Es scheint immer wünschenswerth, daß dergleichen

len. So findet Aymarus Rivallius, der erste Sammler der Fragmente, in dem bekannten: mulieres genas ne radunto, den Satz: die Weiber sollten sich nicht rasiren. Nur über die Ratio legis ist er zweifelhaft, aber auch hier wird er sehr natürlich durch den Grund befriedigt: weil das Wachsen der Haare durch das Beschneiden befördert werde. Uebrigens hatte der gelehrte Mann auf seinen Reisen die Bemerkung gemacht, daß dieses Gesetz auch ausserhalb Rom und Italien von den Frauen befolgt wurde, und er zaudert nicht, diese Beobachtung seinen Lesern mitzutheilen. Rivallius Civ. Hist. Juris s. in XII. Tabb. Comment. Libri V. Mog. 1530. pag. 165.

3) Hugo's Rechtsgeschichte: „möglicherweise könnte diese Stelle von ganz andern Wegen reden."

Ungewißheiten mit Bestimmtheit zur Sprache kommen, wenn auch theils die Sache nicht von dem bedeutendsten Einfluß auf die Wissenschaft ist (man sollte aber keine Wahrheit und keinen Irrthum in der Wissenschaft für unbedeutend halten), theils jenes von einem geschieht, welcher überhaupt nur noch Versuche machen kann, denn auch wirkliche Versuche können der Wissenschaft nützlich seyn. So genannte sind es allerdings schon gewesen.

3.

Aus Cajus siebentem Buche ad edictum provinciale ist folgende Stelle in die Pandekten [1]) aufgenommen worden:

> Viae latitudo ex lege XII. tabb. in porrectum octo pedes habet: in amfractum, id est, ubi flexum est, sedecim.

Auf diese Stelle der zwölf Tafeln bezieht sich auch Varro de L. L. im sechsten Buche, und mehrere Andere, welche bei Gothofredus genannt sind. Was sich sonst noch über diese Bestimmung findet, wird nachher angegeben werden.

So wie nun dieser Satz der Lex von den Verfassern der Justinianischen Sammlung (durch die

1) L 8. de serv. praed. rust.

ertheilte Stelle in dem angeführten Pandektentitel) und in der That auch schon von römischen Juristen der guten Zeit [2]) auf die Servituten bezogen worden ist, so ist in neuern Zeiten die Meinung herrschend geworden, diese Stelle der zwölf Tafeln sey die früheste Quelle für die Lehre von den Wegservituten, die Via der zwölf Tafeln sey mit derjenigen, deren in den juristischen Schriften Erwähnung geschieht, eine und dieselbe. Und diese Meinung, welche in den folgenden Abschnitten geprüft werden soll, ist so allgemein, daß es unthunlich ist, einzelne Schriftsteller für dieselbe anzuführen.

4.

Für einen Gegenstand, der mit dem Boden und dessen Behandlung in so enger Beziehung steht, müssen die Schriften der Agrimensoren eine Hauptquelle seyn. Ueber den Gebrauch derselben habe ich eine zweifache Meinung. Einmal glaube ich, daß dasjenige, was in jenen Schriften als Grundlage der Limitation vorkommt, unbedenklich als sehr alt angenommen werden könne, wenn auch die Aufzeichnung aus späterer Zeit herrührt, indem die Limitation selbst ein uraltes Institut ist, und gerade

2) Javolenus in l. 13. §. 2. et 3. eod. Celsus in l. 6. quemadm. serv. amitt. Von der Art dieser Beziehung unten.

bei einer solchen Kunst die Bekenner streng an dem hergebrachten festhalten. Von diesem Charakter finden sich auch in unserer Zeit Spuren, in den Gegenden Deutschlands, wo sich das alte Institut der Siebner (Märker, Gränzschieder ꝛc.) erhalten hat. Andrerseits aber ist vieles bei den genannten Schriftstellern nur mit Vorsicht zu gebrauchen, vornämlich Stellen, welche juristische Kenntnisse voraussetzen, eine Vorsicht, auf welche durch die Verwirrung, die bei diesen Gelegenheiten zu herrschen pflegt, von selbst aufmerksam gemacht wird.

Ehe ich zu dem eigentlichen Inhalt des gegenwärtigen Abschnitts übergehe, ist zu bemerken, daß für die Wege zwei allgemeine Bezeichnungen vorkommen, nämlich via und iter. Diese beiden Ausdrücke sind in der Regel also von einander verschieden, daß via für den Gegenstand, den betretenen Weg selbst, iter hingegen für die Handlung gebraucht wird. Diese allgemeine Bedeutung der genannten Worte und diese Unterscheidung im Gebrauche kommt so häufig vor, daß zum Beweise kaum einzelne Stellen angeführt zu werden brauchen [1]).

---

1) z. B. Viae .... non finium causa diriguntur, sed itinerum — Viae .... itinera praestari videntur — etc. Siculus Flaccus. So auch in andern juristischen und nichtjuristischen Schriftstellern. (S. unter andern L. ult. de

Ulpian[2]) giebt drei Arten der Viä an, publicä, vicinales, und privatä. Viae publicae heißen diejenigen Wege, deren Grund uud Boden Staatseigenthum ist, welches zu diesem Zwecke in gewisser Breite von demjenigen, der das Jus publicandi hat (Siculus Flaccus nennt ihn den Auctor, welcher zugleich dem Wege den Namen giebt), bestimmt worden. Für solche öffentliche Wege kommen auch die Namen viae militares, praetoriae, consulares vor [3]) bei den Griechen βασιλικαι [4]), in späterer Zeit auch regales [5]) Wo das Land assignirt war, waren die Limites der Grund und Boden solcher Wege und darauf gehen wohl auch die Worte in der angeführten Stelle Ulpians: viae

serv. praed. rust. L. 1. §. 2. de itin.) Doch ist dieß keineswegs ohne Ausnahme. S. z. B. L. 9. pr. si serv. vind.

2) L. 2. §. 22. ne quid in loco publ. Vergl. damit Siculus Flaccus de condit. agror. pag. 10 fg. (Ich citire nach der Ed. Rig. Lutet. 1614. Die Goesische stand mir nicht zu Gebote) und Theophilus ad §. 5. I. de L. Aquilia. Bei Isidorus (Orig. XV. 16.) finden sich die Sätze seiner Quellen (hier vielleicht Ulpian) in der gewöhnlichen Verwirrung.

3) L. 3. de locis et itin. publ. L. 2. §. 22. cit. Theophilus a. a. O.

4) L. 2. §. 22. cit. Theophil. a. a. O.

5) Späterer Zusatz zu Siculus Flaccus.

autem publicae solum publicum est, relictum ad directum certis finibus latitudinis etc. [6]). Hiermit ist eine Stelle bei Aggenus Urbicus [7]) in Verbindung zu setzen: in agris centuriatis excipitur limitum latitudo causa itineris. Ferner bei Hygenus: saepe enim et viarum publicarum per centurias modus exceptus est [8]). So auch Siculus Flac-

6) Daß hier meine Meinung nicht die ist, daß in assignirten Gegenden nur die Limites gemeine Wege gewesen wären, also etwa die früher angelegten Straßen sich darnach hätten bequemen müssen, brauche ich kaum zu bemerken. — Der Name via publica wird zuweilen in einer ausgezeichneten Bedeutung gebraucht, nämlich nicht als Species einer Res publica, sondern für gewisse Arten von Wegen ihrer äußern Beschaffenheit nach. Dieß sind die eigentlichen Landstraßen, und diese besonderen Arten der öffentlichen Wege sind es, welche die Namen militares, praetoriae, consulares geführt haben. Hieher gehören folgende Stellen: Per hos (actuarios) iter populo, sicut per viam publicam debetur .... quidam ex his latiores sunt XII. pedibus, ut hi qui per viam publicam militarem acti. Habent enim latitudines viae publicae. Hygenus p. 162. Nam sunt viae publicae regales quae publice muniuntur et auctorum nomina obtinent etc. Siculus Flaccus p. 210. Vgl. auch Ulpian a. a. O. Uns interessirt hauptsächlich die rechtliche Eigenschaft der Wege, und hiernach ist der rohe Limes, auf welchem nur der Landmann von Zeit zu Zeit mit Ackergeräth fährt, eben so eine Via publica als die Via Appia.

7) ed. cit. p. 155.

8) S. 217.

cus [9]): Limitum quoque modus in quibusdam regionibus per amplum spatium exceptus est, in quibusdam vero modo assignationis cessit. Dieß letztere bezieht sich darauf, daß gewöhnlich die Breite der Limites nicht besonders berechnet, sondern in die ganze Assignation eingerechnet wurde, so daß also der Flächeninhalt derselben den ihnen zunächst liegenden Centurien entzogen werden mußte [10]). Die Limites sind nun, ausser dem Decumanus und Kardo primus oder maximus, theils Limites actuarii oder quintarii, welche immer fünf Centurien einschließen [11]), theils Limites linearii, welche in Italien den Namen subruncivi hatten. So hießen die zwischen den Actuarien liegenden. Was die Breite dieser Limites anlangt, so sind die Maximi die breitesten, darauf folgen die Actuarii. In einer Stelle [12]) findet

9) S. 22.

10) vgl. Niebuhr R. G. II. S. 387. Es war dieß aber keineswegs immer der Fall, wie etwa aus Niebuhr's Darstellung geschlossen werden möchte. Dieß beweist die angeführte Stelle. Doch war jene bequemere Methode wahrscheinlich die häufiger befolgte, indem sie keine weitere Berechnung erforderte, die andere hingegen deswegen seltner, weil die Zahl der geschickten Landmesser die geringere war.

11) oder auch je die sechsten vom Maximus oder nächsten Aktuarius inclusive. Hygenus S. 162 u. 168.

12) Hygenus Aug. de limit. const. p. 189.

sich folgende Bestimmung: Breite des Decumanus Maximus, 40 Fuß, des K. M. 20 Fuß; der Actuarii D. sowohl als K. 12 Fuß; der Subruncivi endlich 8 Fuß. An einem anderen Orte [13]) ist dieß, so wie bei der vorigen Bestimmung Lex und Constitutio D. Augusti angeführt wurde, dahin modificirt, daß es auf die Anordnung des Auctor ankomme (secundum constitutionem eorum, qui agros dividi jusserint). Nur solle der D. und K. M. breiter seyn, 20 oder 15 oder 12 Fuß, oder wie es die Lex bestimme (sive quod volet cuius auctoritate fit). Merkwürdig und für die folgende Untersuchung höchst brauchbar ist die unveränderliche Bestimmung von 8 Fuß für die Limites subruncivi, für Italien [14]). Dieß ist an mehreren Orten sehr bestimmt gesagt, daher darf uns hierin der Umstand nicht wankend machen, daß an einer Stelle der Satz nur ganz allgemein ausgedrückt wird: D. und K. M. müßten breiter seyn, als die übrigen, die Actuarii und Subruncivi weniger breit, doch wenigstens so breit, daß ein Wagen darauf fahren könne [15]). Diese Unbestimmtheit ist entweder aus dem Zusammenfassen beider ungleichartiger Limites, wobei die Präcision der gene-

13) Hygenus S. 211. vgl. S. 217.

14) Hygenus S. 162 und 211.

15) Hygenus S. 217.

ralisirenden Kürze wich, oder als späterer Zusatz eines Unkundigeren zu erklären.

Wenn oben gesagt worden ist, daß die Limites zu öffentlichen Wegen gebraucht wurden, so gilt dieß keineswegs von allen. In den Provinzen gilt es nämlich nur von den Actuarii, den Decumanus und K. maximus eingeschlossen. Die Linearii dienten bloß mensuris agendis. In Italien hingegen hatten auch diese (subruncivi) die Eigenschaft der übrigen, daß sie öffentliche Wege waren [16]). Die Bestimmung der Limites für den gemeinen Weg schreibt Hygenus verschiedenen Leges zu, der Lex Sempronia, Cornelia und Julia, von denen größtentheils auch sonst ein wenigstens ähnlicher Inhalt bekannt ist [17]). Der Sinn dieser Allegation ist

---

16) Hygenus S. 162.

17) Die Lex Sempronia ist die bekannteste. Ueber die Lex Cornelia s. Cicero Agrar. II. Auf die von Hygenus allegirte Lex Julia könnte auch die Lex viaria bezogen werden, welche in einem Briefe des Cölius vorkommt. Cicero ad Div. VIII. 6. Levissime enim (Curio) quia de intercalando non obtinuerat, transfugit ad populum, et pro Caesare loqui coepit: legemque Viariam, non dissimilem Agrariae Rulli, et Alimentariam, quas (al. qua al. quae) jubet aediles metiri, jactavit. Das Gesetz, welches Curio unterstützte, konnte recht wohl von Cäsar vorgeschlagen (zu welcher Vermuthung die Stelle selbst Anlaß giebt) oder auch durchgeführt seyn, und so seinen Namen

aber natürlich nicht der, daß durch diese Volksschlüsse, oder den frühsten derselben, die Sache eingeführt worden sey; es wurde die einzelne Bestimmung theils im allgemeinen Gesetze nur nicht übergangen, wie bei der Lex Julia de viis, theils mochte einer oder der andere der angeführten Volksschlüsse speciell die Assignation einer Gegend beschließen, oder eine Lex Colonica seyn [18].

Für die Subrunciui ist die Breite von 8 Fuß erwähnt. Es fragt sich, ob keine ähnliche Bestimmung für die Linearii in den Provinzen vorkomme? In dieser Rücksicht ist die angeführte Stelle des Hygenus merkwürdig, wo auch die Erklärung jenes Unterschieds zwischen Italien und den Provinzen vorkommt.

---

erhalten haben. Die Verbindung einer andern Stelle in Cicero ad Att. VI. 1. wo von einer Lex des Curio die Rede ist, mit jener ist ganz willkührlich. Hic Vedius venit mihi obviam cum duobus essedis et rheda equis juncta et lectica et familia magna: pro qua si Curio legem pertulerit, LLS. centena pendat necesse est. Der Grund, welcher die Ausleger zu dieser Verbindung bewog, ist wohl kein anderer, als daß Vedius mit seinen Leuten, für welche er nach der Lex so viel zu zahlen gehabt hätte, sich auf dem Wege befand, als ihm Cicero begegnete.

18) Vielleicht ist bei Julius Frontinus de lim. (p. 57.) statt: omnes enim limites secundum legem colonicam itineri publico servire debent, zu lesen: sec. l. Corneliam.

Linearii limites a quibusdam mensurae tantum disterminandae causa sunt constituti, et si finitimi interveniunt, latitudinem secundum legem Mamiliam accipiunt.

Es wird aus den folgenden Worten noch deutlicher erhellen, daß in den Provinzen die einzelnen Parcellen nicht immer durch Limites linearii eingeschlossen waren, sondern diese überschritten. Schlechterer Boden machte größere Theile nothwendig. Wo also die Linearii nicht zugleich die Gränzen zwischen den Grundstücken machten, hatten sie nur ihren ursprünglichen mathematischen Zweck. Fielen sie hingegen mit den Gränzen zusammen, so fand auf sie die Lex Mamilia Anwendung, welche für den Gränzrain die Breite von fünf (oder sechs[19]) Fuß zum Weg für die Besteller der Grundstücke und zum Umwenden des Pflugs bestimmt. Aus Cicero[20]) ist bekannt, daß schon die zwölf Tafeln für die Gränzraine eine Breite von fünf Fuß festsetzten, und dieselben dem Commercium entzogen. Vielleicht

---

19) Der s. g. Aggenus Urbicus ad Front. (S. 68.) De fine Lex Mamilia quinque aut sex pedum latitudinem praescribit, quoniam hanc latitudinem vel iter ad culturas accedentium occupat vel circumactus aratri etc. Die alternative Bestimmung der Breite weiß ich, wenn die Worte genuin sind, nicht zu erklären.

20) de legg. I. 21.

wurde diese Bestimmung durch die Lex Mamilia auf die Provinzen übertragen. Von der letzteren Festsetzung, hinsichtlich des Commerciums, konnte freilich hier nicht die Rede seyn.

> ... accipiunt. In Italia itineri publico serviunt sub appellatione subruncivorum. Habent latitudinem pedum octonum. Hos conditores coloniarum fructus asportandi causa publicaverunt. Nam et possessiones [21]) pro aestimio ubertatis angustiores sunt assignatae: ideoque limites omnes non solum mensurae, sed et publici itineris causa latitudines acceperunt.

Die größere Fruchtbarkeit des Bodens hat kleineren Umfang des Landeigenthums für den Bedarf einer Familie zur Folge. Diese wird im allgemeinen

---

21) Sind diese Possessiones wirkliche Besitzungen des Gemeinlandes, oder ist das Wort nur im uneigentlichen Sinne gebraucht? Wurde nur bei dem Gemeinland, welches Privateigenthum werden sollte, von Assignation gesprochen, oder wurden auch die Possessiones assignirt? Im erstern Fall, wie konnte, wenn die Etrusker (vorausgesetzt, daß die Patricier tuskisch waren) kein eigentliches Eigenthum am Grund und Boden, sondern dafür das Rechtsverhältniß der Possessio hatten, die Kunst der Agrimensoren (wie nicht zu bezweifeln ist) Etrurien zu ihrem Mutterlande haben?

von dem italischen Boden behauptet, und daraus erklärt sich von selbst der Umstand, warum hier mehr Wege erforderlich waren. Denn das Bedürfniß derselben richtet sich nicht nach dem Umfang des Gebiets überhaupt, sondern nach der Zahl derjenigen, welche darauf zu thun haben. — Die angegebene Breite der Subruncivi ist übrigens bloß in Rücksicht ihrer Eigenschaft als Wege festgesetzt. Wenn also die Richtung der Limites auf unwegsame Orte führt[22]), so beugt der Weg in der gesetzlichen Breite ab, und der Limes geht ohne weitere Breitebestimmung in gerader Linie fort.

Ich gehe über zu den Viä vicinales[23]). Nach Ulpian[24]) sind es viae, quae in vicis sunt, vel quae in vicos ducunt. Die Erklärung des Siculus Flaccus (s. Not. 2.) ist ganz unbefriedigend: viae quae de publicis divertuntur in agros et saepe ad alteras publicas perveniunt. Theophilus (Not. 2.) stimmt mit Ulpian überein, nur daß er nicht die Wege in den Dörfern selbst erwähnt. An einer andern Stelle[25])

22) Aggenus Urbicus de controv. agror. Tit. de itineribus. Frontinus de limit. S. 57.

23) Es kommen auch aquae, fossae vicinales vor. Hygenus S. 217.

24) L. 2. §. 22. ne quid in loco publ.

25) L. 3. §. 1. de locis et itin. publ.

giebt Ulpian noch als Unterschied von den Viä militares (was zu bemerken ist, nicht von den Viä publicä überhaupt) an, daß die vicinales öfters, ohne auf einen andern Weg auszulaufen, aufhören und abbrechen (intermoriuntur). Aus diesen Erklärungen und Erwähnungen geht ohne Zweifel hervor, daß der Begriff kein juristischer ist, wie etwa der einer Via publica oder privata. Darum eben werden selbst von Ulpian bloß jene äusseren Kennzeichen angegeben. Dieß wird besonders dadurch ausser allen Zweifel gesetzt, daß eine Via vicinalis sowohl publica als privata seyn kann. Ulpian erwähnt: es sey die Frage aufgestellt worden, ob die Viä vicinales publicä oder privatä wären. Einige hätten sie für publicä gehalten. Seine Meinung aber ist diese: privatä sind sie, wenn sie durch Collation der Privateigenthümer entstanden sind [26], insofern nicht dieß schon so lange geschehen ist, daß man nichts mehr von den Gründern weiß, denn in diesem Fall sind sie vielmehr für publicä zu halten [27]. Mit der Entstehung durch Collation ist nicht zu verwechseln die Wiederherstellung durch Collation der Eigenthümer der Grundstücke, denn hier können sie dennoch publicä seyn (Not. 26). Publicä also sind die Viä vicinales, wenn sie nicht

26) L. 2. §. 22. cit.

27) L. 3. pr. de locis et itin. publ.

auf jene Weise entstanden sind, und namentlich gehören sie dahin, wenn sie auf den Limites gehen. Darüber findet sich eine Stelle bei Aggenus Urbicus [28]): nam plerumque via, dum cum limite currit, etiam si vicinalis est etc. — Eine logische Eintheilung ist also die in Viä publicä, vicinales und privatä nicht.

Die Viä privatä, diejenigen Wege, deren Grund im Privateigenthume ist, sind von doppelter Art [29]). Einmal können sie nämlich durch Collation entstehen, so daß mehrere Privateigenthümer [30]) zur Errichtung des Wegs Landbeiträge geben [31]). Die zweite Art der Viä privatä sind die Wegservituten, von

28) ad Frontinum S. 79.

29) Vgl. L. 2. §. 23. ne quid in loco publ.

30) Natürlich kann dieß auch durch einen einzigen auf seinem Grundstücke geschehen.

31) Vergl. die Glosse zu L. 3. cit. Hieher gehören auch in der verwirrten Darstellung des Siculus Flaccus (a. a. O.) die Worte: viae... quae aliquando inter binos possessores in extremis finibus pari utrimque modo, sumtu, communique impensa iter praestant. Dieses deutet auf schlechte Befolgung der zwölf Tafeln und der Lex Mamilia, wenn nicht diese Verordnungen nur auf die Gränzen eines ganzen Fundus gehen, und jene Privatgränzwege nur auf einzelne Theile eines Fundus sich beziehen. Vergl. Niebuhr Th. II. S. 392 u. 393.

vom welchen in der Folge, nach dem nächsten Abschnitte, besonders die Rede seyn wird.

5.

So wie als gewiß angenommen werden kann, daß die Feldscheidung eine uralte italische Einrichtung wenigstens für diejenigen Völker war, welche an etrus'ischer Sitte und Kunst Theil nahmen[1]), eben so kann wohl der Annahme nichts bedeutendes entgegengesetzt werden, daß die Breite der Subruncivi, von welcher im vorhergehenden Abschnitte die Rede war, sich aus einer sehr alten Zeit herschreibt. Es ist schon bemerkt worden, daß in einer Kunst, wie die der Agrimensoren war, das alte sich leichter erhält als anderswo. Willkührliche oder häufigere Aenderungen wären hier ganz unzweckmäßig, weil hierdurch das richtige Urtheil desjenigen, welcher der Natur der Sache nach das Werk seiner Vorgänger nach sehr langer Zeit zu besichtigen hat, erschwert oder gar unmöglich gemacht würde. Wir haben also hier eine Bestimmung, welche recht gut in die zwölf Tafeln hätte aufgenommen werden können, indem weder das Alter, wie eben gezeigt worden ist, noch der Charakter jener Rechtssammlung entgegensteht.

---

1) Man vergl. überhaupt Niebuhr im zweiten Theil: Ueber das agrarische Recht.

Wenn wir nun auf einem anderen Wege eine ganz gleiche Bestimmung als Stelle der Tafeln erhalten, wie dieß mit dem im dritten Abschnitt angeführten Fragment aus Cajus der Fall ist, so wäre die engste Verbindung beider nicht nur entschuldigt, sondern eine entgegenstehende Annahme sogar für ganz unrichtig und willkührlich zu erachten. Nach dem jetzigen Stande unserer Quellen scheint also die gemeine Meinung, welche das Fragment auf die Wegservituten bezieht, nicht die wahre zu seyn.

Was ein öffentlicher Weg seyn soll, soll eine Breite von acht Fuß haben, war eine alte römische (wahrscheinlich auch schon etruskische) Bestimmung, und wurde in den zwölf Tafeln verzeichnet. Dieß fand nun vornämlich Anwendung auf die Limites subruncivi, welche in Italien ausser ihrem eigentlichen Zwecke (mensuris agendis) durchaus noch die Bestimmung zu öffentlichen Wegen und daher auch die Eigenschaft derselben hatten. Es war auch sehr natürlich, daß, während andere öffentliche Wege in den Zeiten der steigenden Cultur sich mehr in die Breite ausdehnten, bei jenen Limites das legitime Maß blieb. Einmal war es eine Regel der agrimensorischen Kunst geworden; dann aber wurden diese Limites hauptsächlich für den Landbau gebraucht, und sowie sich hier überhaupt länger als in irgend einem andern Zweige des Volkslebens alte Einfachheit erhält, so konnten auch nicht mannichfaltigerer Betrieb und ausgebreiteter Verkehr, wie etwa bei anderen Wegen, die herkömmliche Beschränkung aufheben.

Auf die richtige Erklärung des Fragments konnte schon ein anderes hinleiten, welches als Parallelstelle, und somit auch zur Begründung der angegebenen Bedeutung angeführt werden kann. Cicero, im neunzehnten Capitel der Rede für den Cäcina, führt als Beispiel einer unverständigen, bloß wörtlichen Interpretation, aus der Rechtssammlung an: si via sit immunita, jubet (lex) qua velit, agere jumentum [2]. Hier ist anerkannt,

2) Cicero hat hier, seinem Zwecke gemäß, gewiß so viel als möglich die legalen Worte beibehalten. Wenigstens ist von den Worten qua velit unzweifelhaft anzunehmen, daß sie (abgerechnet die Vermeidung einer obsoleteren Form) Worte der zwölf Tafeln sind, so wie diese zu Cicero's Zeit vorhanden waren. — Sehr willkührlich hat wiederum Jacobus Gothofredus das sich bei Festus findende Wort amsegetes hinzugesetzt (si via per amsegetes immun. etc.) ohne weiter etwas, als die ganz unzusammenhängenden Stellen anzuführen. Besser hat Funccius das Wort hier weggelassen, aber freilich eben so willkührlich ein eigenes Gesetz für die Amsegetes geschaffen. — Für den Inhalt der Stelle ist anzuführen Siculus Flaccus de cond. agror. Aliter muniuntur (viae vicinales) per pagos i. e. per magistros pagorum qui operas a possessoribus ad eas tuendas exigere soliti sunt, aut, ut comperimus, unicuique possessori per singulos agros certa spatia as-

daß von öffentlichen Wegen geredet werde. In der That konnte wenigstens Cicero den Satz nicht von einer Servitut verstehen, auch lag hier in der Regel dem Berechtigten die Ausbesserung des Weges ob, was ohnehin jede andere Erklärung ausschließt. Jacobus Gothofredus endlich konnte bei dem Zusatz, von welchem in der zweiten Note geredet worden ist, auf diesen Irrweg gar nicht gerathen [3]. Wenn wir nun auch weiter keine Gründe hätten für die Erklärung beider Viä in den zwei Stellen, so müßte man doch wohl eher eine gleiche als eine verschiedene Bedeutung derselben annehmen. Noch vielmehr also, wenn sogar weitere Gründe diese Annahme unterstützen.

Wollte jemand als Gegenargument die im dritten Abschnitte angeführten römischen Juristen allegi-

signantur, quae suis impensis tuentur: etiam titulos finitis spatiis positos habent, qui indicent, cujus agri quis dominus quod spatium tueatur.

3) Es giebt noch zwei andere regelmäßige Fälle des Ausbeugens vom Limes. Der eine ist schon vorgekommen: es ist der Fall, wenn die gerade Richtung des Limes auf unwegsame Plätze trifft. Als den zweiten führen Hygenus und Siculus Flaccus an: wenn der Limes gerade auf eine Villa führt. Hier solle der Eigenthümer einen bequemen Weg durch sein Feld öffnen. Auch sey es nicht ungewöhnlich, einen offenen Durchgang durch seine Villa mit Aufstellung eines Thürstehers zu gewähren. Nur willkührlich dürfe man nicht die Abbeugung vom Limes herbeiführen.

ren, so würde erwiedert werden müssen, daß Erklärung der zwölf Tafeln und Uebertragung eines Satzes auf ähnliche Verhältnisse verschiedene Dinge sind [4]). Von dieser Uebertragung wird noch weiter unten die Rede seyn.

Es ist noch ein schwieriger Punkt in der Erläuterung der Stelle übrig, welcher die verschiedene Bestimmung der Breite betrifft. Jene Festsetzung von acht Fuß gilt nämlich nur für die gerade Richtung, wie Cajus und Varro [5]) übereinstimmend angeben; für eine krumme Richtung, welche sie durch das Wort amfractum bezeichnen, ist gerade noch einmal so viel bestimmt.

Hugo [6]) hält das Amfractum für eine völlige Umbeugung, Cul de sac, wodurch scheinbar die dop-

4) Nicht immer dagegen Uebertragung und Interpretation im römischen Sinne. — Den oben gerügten Einwurf scheint Schweppe zu machen (Röm. Rechtsgesch. Gött. 1822. §. 281. Not. 2.) wenn er sagt: „gewiß ist, daß die Alten die Stelle nicht von öffentlichen Wegen verstanden, l. 8. D. de S. P. R. Die Neuern sind aber oft viel klüger.“ Aber diese (gegen Hugo gerichteten) Worte würden in jenem Sinne viel zu sonderbar seyn, als daß ich sie recht verstanden haben könnte. Vielleicht macht der Verfasser die eigentliche Bedeutung derselben an einem anderen Orte verständlich.

5) de L. L. VI. 2.

6) Gesch. des R. R. §. 85.

pelte Breite am ersten gerechtfertigt und erklärt ist. Es steht dieser Meinung aber folgendes entgegen. Bei den Limites läßt sich gar keine Anwendung für eine solche Bestimmung auffinden, indem bei dem Auslaufen derselben, am Ende der Limitation, ein Bedürfniß des Umwendens nicht eintrat. Wenn einer auf sein Feld fuhr, wandte er den Wagen auf dem eigenen Grundstück, und sonst giebt es durchaus keinen annehmbaren Fall, welcher diese Bestimmung am Ende des Limes (ein anderer Ort ist gar willkührlich) veranlaßt hätte. War aber diese Bestimmung nicht schon für die Via publica vorhanden, so konnte sie nicht durch die Juristen auf die Via privata übergetragen werden, wo sie in der That, aber doch nur in einem einzigen Falle anwendbar gewesen wäre, nämlich, wenn jemand das Recht, Sand auf des Andern Grundstück zu graben u. dgl. hatte. Aber auch hier scheint die Bestimmung nicht sehr praktisch zu seyn, weil gewöhnlich, wo Sand u. dgl. gegraben wird, auch hinreichend Platz zum Umwenden sich findet. — Dieß ist eines, was ich Hugo entgegensetzen möchte. Ein zweiter Einwand betrifft das Zureichen der Breite für den angenommenen Zweck selbst. Schon Wagen von solcher Beweglichkeit als die unsrigen sind, können nicht auf einem Raum umwenden, welcher nur die doppelte Breite desjenigen hat, dessen sie zum geraden Fortgehen bedürfen, geschweige denn ein römisches Plaustrum, welches jene Eigenschaft nicht hatte.

Denn gerade diejenigen Wagen, welche am häufigsten auf den Limites giengen, nämlich die zum Landbau bestimmten, waren gewöhnlich vierrädrige. Es muß daher, selbst mit Berücksichtigung des Umstandes, daß der Weg in gerader Richtung etwas breiter war, als die Noth erforderte (für den Fall der Begegnung), dennoch das Genügen der Breite für das Umwenden römischer Wagen bezweifelt werden.

Mir scheint folgende Erklärung, welche mit einer Einrichtung an unsern heutigen Landstraßen übereinstimmt, die natürlichste zu seyn. Wenn nämlich heutzutage zwei Landstraßen sich kreuzen, so geschieht dieß nicht so, daß vier rechte Winkel entstehen, weil in diesem Falle die Wagen nicht gut von einer Straße in die andere einbeugen könnten. Es werden vielmehr die Ecken abgestumpft und rund zugeschliffen, so wie sich etwa der Weg von selbst bilden würde, wenn ein Wagen aus einer Straße in die andere einbeugte. Hier ist es nun feste Bestimmung, daß der Punkt, wo die Beugung des einen Wegs anfängt, von dem gegenüberstehenden, wo die Beugung des andern, kreuzenden Weges aufhört, gerade um das doppelte der Breite der Wege selbst (wenn sie in gerader Richtung fortgehen) entfernt seyn muß, so daß, wenn man von jedem dieser acht Punkte, welche durch den Abschnitt der vier Ecken entstehen, zu den zwei gerade gegenüberstehenden Punkten Linien zieht, zwei längliche rechtwinkliche Vierecke entstehen, deren längere Seiten das doppelte der Wegbreite (oder der kürzeren Seiten) betragen. — Dieß paßt vollkommen auf die Limites, bei welchen die Kreuzung der Natur der Sache nach sehr häufig vorkam, und diese Erklärung scheint mir annehmbar, weil ihr weder die angeführten Stellen, durch welche uns diese Bestimmungen überliefert werden, entgegen sind, noch sonst etwas, so weit jetzt meine Kenntniß von der Sache geht. Wenn die Limites nur mensuris agendis gedient hätten, so wäre eine solche Bestimmung nicht vorgekommen. Da aber gewisse Limites auch Wege seyn sollten, so gebot das Gesetz den Agrimensoren die Befolgung jener für diese Benutzung der Limites nothwendigen Vorschrift, bei jeder Kreuzung (in amfracto) solcher Limites nämlich, welche die angegebene doppelte Bestimmung hatten. Traf es sich nun auch (dieß ist noch zur Widerlegung eines möglichen Einwandes zu bemerken), daß die Limites an der Gränze eines assignirten Landes sich nicht vollkommen kreuzten, so daß nur eine einfache Umbeugung des Wegs entstand, so hatte dieß auf die mathematische Anlage keinen Einfluß; es wurde also hier das Amfractum eben so ausgemessen als im gewöhnlichen Fall, obgleich in der Wirklichkeit etwa ein Viertel der Breite wegfiel. Der Limes als Grundlage ist nie aus den Augen zu verlieren, wenn die Beschaffenheit des

Wegs betrachtet, und darüber ein richtiges Urtheil gefällt werden soll.

6.

Aus dem Zeitraume, in welchem das römische Recht dem Volksbewußtseyn entwuchs, und an dessen Ende es auf den Juristenstand übergieng, wissen wir überhaupt mehr und weniger als aus dem vorhergehenden. Mehr, weil die Zahl der Rechtssätze, welche uns aus dieser Zeit überliefert sind, größer ist. Weniger kennen wir den Rechtszustand dieser Periode, weil jene Nachrichten in Vergleichung mit der Mannichfaltigkeit und dem Umfang, zu welchem das Recht damals schon gediehen seyn mußte, und welcher es eben der Herrschaft des Volks und dem unwissenschaftlichen Fassungsvermögen entzog, dennoch sehr dürftig genannt werden müssen, wogegen die wenigen Fragmente aus den zwölf Tafeln bei der Einfachheit alter Zeit zur Hervorbringung eines Bildes von dem Ganzen ziemlich genügen. Bei dem jetzigen Zustande der Quellen sehen wir nur in einzelnen Lehren rückwärts in die freie Republik, obwohl in vielen, ja selbst erst der neuern Zeit ist der allgemeinste Ueberblick nicht mehr durchaus verkümmert durch eine irrige Ansicht von dem prätorischen Edikt, welche unseren Vorfahren die Wahrheit verbarg.

Unter jene einzelnen Lehren, über welche uns aus der zweiten Periode des römischen Rechts genügende Nachrichten zugekommen sind, gehört die unsrige nicht. Ich habe in den hieher gehörigen Quellen vergeblich nach einer hinlänglich bestimmten Nachricht über die Wegservituten gesucht. Wiewohl nun aber das Resultat dieser Forschung im allgemeinen sich auf die Existenz der Wegservituten beschränkt, so ergiebt sich doch einiges, was für die Untersuchung in der folgenden Periode brauchbar ist. Namentlich ist schon hier darauf aufmerksam zu machen, daß in dieser Zeit die Via als Servitut nicht vorkommt, und selbst da nicht genannt wird, wo die Servitutes rusticä aufgezählt werden. Dieses Weglassen ist deswegen als Argument von einiger Bedeutung anzusehen, weil jene die umfassendste Wegservitut war, und daher selbst von unzuverläßigeren Schriftstellern nicht angenommen werden kann, daß bei der Aufzählung das unbedeutendere genannt, das wichtigste aber vergessen worden sey. Via bezeichnet in den Schriften, welche zu den Quellen dieser Periode gehören, entweder eine öffentliche Straße, oder das Wort wird in einem mehr oder weniger allgemeinen Sinne gebraucht [1]).

Was ich in den Quellen dieser Zeit gefunden habe, ist nur folgendes:

---

1) So z. B. auch bei Cicero pro Caec. 10. wo die Worte, ausser ihrem Zusammenhang betrachtet, auch von der Servitut gelten könnten: . . . . . quibus sese viam per fratris sui fundum dedisse dixit etc.

Cicero pro Caec. cap. 26.

.... quae decentissime descripta a majoribus jura finium, possessionum, aquarum, itinerum sunt [2]).

Und nachher:

Fundus a patre relinqui potest .... aquaeductus, haustus, iter, actus a patre ...

Unbrauchbar für unseren Gegenstand sind die bekannten Stellen aus Varro. Eine nicht unwichtige Inscription, deren Alter ich nicht zu bestimmen vermag, wird in der Folge gelegentlich vorkommen. Dagegen ist noch hieher zu rechnen ein Senatsschluß unter den Consuln Q. Aelius Tubero und P. Fabius Maximus, den uns Julius Frontinus [3]) aufbewahrt hat, und in welchem die Worte vorkommen:

et ad eas res omnes exportandas earumque rerum reficiendarum causa, quotiens opus esset, per agros privatorum sine injuria eorum itinera actus paterent darentur.

---

2) Auch ausserdem z. B. pro Caec. 13. de minimis aquarum itinerumque controversiis etc.

3) de aquaeduct. p. 205. ed. bip.

7.

Die Untersuchung ist jetzt bei dem Zeitabschnitte angelangt, in welchem das Recht zur Wissenschaft gebildet wird. Dieß ist aber auch zugleich der Punkt, von welchem die eigentliche Darstellung unserer Lehre anhebt; denn erst in dieser Zeit vermögen wir ein festes Bild von jenen Gegenständen zu gewinnen, welche wir bisher nur, gleichsam aus der Ferne folgend, in flüchtigen Schatten ahndeten, ja denen wir sogar einige von Vielen gläubig geehrte Spuren abzusprechen genöthigt waren. Indem wir also ... eine Periode eingegangen sind, aus welcher uns eine so bedeutende Anzahl Quellen zugekommen ist, daß ihr Studium einen nicht unbeträchtlichen Theil des menschlichen Lebens in Anspruch nimmt, so möchte es scheinen, als habe die Untersuchung völlig festen Boden gewonnen, und könne nun mit urkundlicher Sicherheit bequem zum Ziele gelangen. Leider aber würde ein solcher Glaube schon durch die Menge der Schriften, welche über diese Materie in den Häusern der gelehrtesten Männer geschrieben wurden, gänzlich vernichtet werden, sowie durch die gegenwärtige Abhandlung selbst, und daß eine neue Behandlung, ein hundertster Versuch nöthig scheinen konnte. Der Grund dieser Unsicherheit liegt nicht darin, daß unsere Quellen gerade über den Gegenstand schweigen, es sind uns vielmehr, wie nachher anschaulich werden wird, eine Menge Stellen aus juristischen Schriften zugekommen, worin von den Wegservituten gehandelt wird. Freilich findet sich gerade in demjenigen, was unmittelbar zu uns gelangt ist, nichts bedeutendes und entscheidendes, indem auch in dem veronesischen Manuscript die durch den westgothischen Bearbeiter fast bis zur Unkenntlichkeit verdorbene Stelle, wo von den Servituten die Rede war, von Göschen nicht entziffert werden konnte; und das Mistrauen der Critiker gegen Justinians Dienerschaft, welche uns allerdings viele Fragmente überliefert hat, ist wohl nur zu gerecht. Die Hauptursache aber der Unentschiedenheit, in welcher die Lehre schwankt, ist wohl darin zu suchen, daß unsere Quellen nur eine Menge Rechtssätze enthalten, welche die Fortsetzungen einer nicht ausdrücklich angegebenen, der Anschauung verborgenen Grundlage sind. Diesen leitenden Grundsatz aufzufinden, ist nun das Geschäft aller derer, welche über diesen Gegenstand Betrachtungen anzustellen geneigt sind, und so habe ich mich denn auch unter die Zahl derjenigen begeben, die unter den mannichfaltig gebildeten Mauern des alten Gebäudes hin und hergehen, um mit den ihnen zu Gebote stehenden Hülfsmitteln — manche auch wohl sehr sorglos und unvorbereitet, andere als bloße Gehülfen, andere mit geborgten Werkzeugen, noch andere wegen unaufhörlichen Streites mit den übrigen an ruhiger Untersuchung gehindert — die Lage des in der Erde verborgenen Grundsteins zu bestimmen.

Es wird nicht unangemessen seyn, und eine nützliche Anschauung der Hülfsmittel gewähren, wenn hier eine Uebersicht der Stellen aus den juristischen Schriften der Römer vorausgeschickt wird, welche für die folgende Untersuchung brauchbar sind. Es befinden sich darunter auch solche (obgleich sehr wenige) worin bloß eine Aufzählung der Wegservituten vorkommt ohne weitere Erklärung, aber auch diese sind aufgenommen worden, weil vielleicht schon in einer wiederkehrenden Ordnung der Fingerzeig für eine richtige Erklärung enthalten ist. Die Stellen sind folgende:

Celsus lib. 5. Digest. (L. 9. de servit. L. 6. quemadm. serv.) lib. 18. Digest. (L. 10. de servit.) lib. 27. Dig. (L. 11. de serv. pr. rust.)

Javolenus lib. 10. ex Cassio (L. 13. de serv. pr. rust. L. 14. quemadm. serv.)

Julianus lib. 34. Digest. (L. 28. de serv. pr. rust.) lib. 41. Dig. (L. 4. de aqua quotid.) lib. 49. Dig. (L. 14. de op. novi nunc.)

Pomponius lib. sing. regul. (L. 17. de servit.) lib. 9. ad Sabin. (L. 3. §. 2. de action. emti.) lib. 32. ad Sab. (L. 19. quemadm. serv.) lib. 33. ad Sab. (L. 20. de serv. pr. rust.)

Pomponius lib. 14. ad Q. Muc. (L. 13. de servit.) lib. 32. ad Q. Muc. (L. 14. de serv. pr. rust.)

Cajus lib. 2. Institut. §. 31. lib. 4. §. 3.
lib. 2. rer. quotid. (L. 16. comm. praed.)
lib. 7. ad ed. provinc. (L. 8. de serv. pr. rust. L. 5. pr. de servit.) lib. 25. ad ed. prov. (L. 3. de precar.)

Marcellus lib. 4. Digest. (L. 11. pr. quemadm. serv.)

Scaevola lib. sing. ὁρῶν. (L. ult. de aqua quotid.)
lib. 2. Quaest. (L. 69. §. 5. de evict.)

Papinianus lib. 7. Quaest. (L. 4. §. 1. de servit. L. 34. pr. de serv. pr. rust.)

Venulejus lib. 1. Interd. (L. 4. de itin.)

Ulpianus lib. sing. regul. tit. 19. §. 1.
lib. 2. Instit. (L. 1. pr. de serv. pr. rust.)
lib. 14. ad Sabin. (L. 18. de serv. pr. rust.) lib. 50. ad Sab. (L. 13. §. 1. de acceptil.)

Ulpianus lib. 17. ad edict. (L. 2. §. 2. si serv. vind. L. 4. eod.) lib. 68. ad ed. (L. 2. §. 23. et 32. ne quid in loco publ.) lib. 70. ad ed. (L. 1. 3. de itin.) lib. 75. ad ed. (L. 11. §. 6. de exc. rei jud.)

Paulus lib. 1. Sentent. tit. 17. §. 1. lib. 5. Sentent. (L. ult. quemadm. serv. L. 7. de aqua quotid.)

lib. 1. epitom. Alfeni Dig. (L. 15. comm. praed.)

lib. 15. ad Plaut. (L. 8. quemadm. serv.)

lib. 3. ad Sabin. (L. 1. de adim. legat.) lib. 15. ad Sab. (L. 23. pr. de serv. praed. rust. L. 14. de servit. L. 20. §. 1. de serv. pr. urb. L. 21. de serv. pr. rust.)

lib. 21. ad edict. (L. 7. pr. de serv. pr. rust. L. 2. quemadm. serv. L. 1. pr. de serv. pr. urb. L. 9. si serv. vind.) lib. 47. ad ed. (L. 26. de serv. pr. rust.) lib. 49. ad ed. (L. 11. pr. de aqu. pl. arc.) lib. 54. ad ed. (L. 4. §. 27. de usurpat.)

Modestinus lib. 6. Diff. (L. 11. de servit.) lib. 9. Differ. (L. 12. de serv. pr. rust.)

8. Der

8.

Der Punkt, an welchen sich von jeher die Betrachtungen über den eigenthümlichen Charakter der Wegservituten anzuknüpfen pflegten und nicht mit Unrecht, ist der Unterschied zwischen den drei Arten derselben, welche in unsern Quellen vorkommen, nämlich dem Iter, dem Actus, und der Via. Daß Iter die Befugniß enthalte, über des Andern Grundstück zu gehen, und sich von Thieren oder Menschen darüber tragen zu lassen, Actus hingegen überdieß Vieh zu treiben und mit einem Wagen zu fahren, erhellt ganz klar aus der Stelle Ulpians, welche die Compilatoren gleich an den Eingang des Titels de servitutibus praediorum rusticorum gestellt haben [1]), und eben so anschaulich geht daraus der Unterschied zwischen beiden Rechten hervor. Sehr überflüssig mochte es daher wohl Manchem scheinen, der seinen Untersuchungen unser Ziel gegeben, daß jene Männer in denselben Titel noch die Stelle Modestin's aufnahmen: inter actum et iter nonnulla est differentia. Iter est enim,

---

1) L. 1. de serv. pr. rust. (Ulp. l. 2. Instit.) ... Iter est jus eundi ambulandi homini, non etiam jumentum agendi; Actus est jus agendi vel jumentum vel vehiculum. Itaque qui iter habet, actum non habet, qui actum habet, et iter habet etiam sine jumento. Via est jus eundi et agendi et ambulandi, nam et iter et actum in se via continet.

qua quis pedes vel eques commeare potest: actus vero, ubi et armenta trajicere et vehiculum ducere liceat [2]). Vielmehr hätten sie sich eine solche Angabe für den Unterschied zwischen dem Actus und der Via gewünscht, von welcher letzteren Ulpian a. a. O. durchaus denselben Inhalt von Befugnissen angiebt, wie von dem Actus [3]); und wenn auch Paulus [4]) diesen noch bei der Via die Befugniß Bauholz, Steine zu schleifen, Stangen aufrecht zu tragen hinzufügt, so konnte dieß wissenschaftlich verfahrende Gelehrte nicht bewegen, mit diesem äußern Unterschiede sich zu begnügen, ohne nach einem innern Grunde zu fragen und eine wesentlichere Verschiedenheit aufzusuchen, von welcher so manche Andeutungen in unseren Quellen Zeugniß geben. Da man eine solche ausdrückliche Angabe des Unterschiedes nicht fand, so mochte man sehr geneigt seyn, Redaktoren und Gehülfen, wie dort einer überflüssigen Breite, so hier einer nachläßigen Beschränktheit zu beschuldigen. Aber der Vorsichti-

2) L. 12. eod. (Modestin. l. 9. Different.)

3) Dieß ist selbst bei der Emendation des eundi in vehendi der Fall. Diese, allerdings leichte, Veränderung hat aufserdem durchaus nichts für sich, und bedarf schon darum keiner neuen Widerlegung. Von andern Conjecturen, welche jene Stelle betreffen, weiter unten.

4) L. 7. pr. eod.

gere bemüht sich wohl, in dieser scheinbaren Nachlässigkeit, gerade weil ein solcher Mangel auch weniger sorgsamen gar zu schwer verborgen bleiben konnte, einen tieferen Sinn zu finden. Der Unterschied zwischen Via und Actus mußte den Juristen oder den Compilatoren weit auffallender, weit grösser erscheinen, als der zwischen dem Iter und dem Actus, und so giengen entweder die Juristen in ihren Schriften, oder wahrscheinlicher die Compilatoren bei ihrer Arbeit darüber als über etwas ganz bekanntes, etwa schon in den Worten liegendes, hinweg, während ein umsichtiger Jurist den Unterschied zwischen Iter und Actus, welcher also nicht so sehr bekannt war (vielleicht als ein mehr äußerlicher) bemerkte, und die Männer, welchen diese Schrift zur Durchsicht zugetheilt worden war, sorgfältig genug verfuhren, um diese Bemerkung nicht ausser Acht zu lassen. So wie nun solchergestalt die Vermuthung entstünde, daß der Unterschied zwischen der Via und dem Actus ein viel bedeutenderer und eben deswegen ein innerer gewesen sey — denn allerdings sind Iter und Actus nur äusserlich, durch das mehr und weniger der Befugniß verschieden — so würde schon daraus die Unzulänglichkeit der bisherigen Untersuchungen folgen. Weil man nämlich den Unterschied der ersten beiden Servituten als einen solchen erkannt hatte, welcher sich bloß auf die darin enthaltenen Rechte bezieht, so wollte man auch die Via auf diese Weise vom Actus unterscheiden, und dieß ist das Bestreben, welches fast allen bisherigen Erklärungen zu Grunde liegt.

Dieser Weg muß nach meiner Ueberzeugung verlassen werden, wenn ein befriedigendes Resultat erscheinen soll. Nicht also die Quantität der Rechte ist es, wodurch sich die Via vom Actus wesentlich unterscheidet (wiewohl sich auch hier, aber als Folgen des wesentlichen Unterschiedes, Verschiedenheiten finden), sondern die Beschaffenheit der Wege selbst, und auf diese ist daher die Untersuchung zu richten. Dieß soll im nächstfolgenden Abschnitt geschehen, wenn im folgenden vorher von dem Inhalt der beiden zuerst zu betrachtenden Servituten die Rede gewesen seyn wird.

9.

Es sey vergönnt, hier einstweilen vorauszusetzen, daß Iter und Actus die ältesten Wegservituten sind, welches, wie ich glaube, an einem andern Orte ziemlich wahrscheinlich wird gemacht werden können. Hiernach möge denn auch die Untersuchung mit diesen beiden beginnen. Dieß wird auch deshalb ersprießlich seyn, weil gerade diese es sind, von welchen eine bisher übersehene wesentliche Eigenschaft behauptet und auf den folgenden Blättern dargethan werden soll.

Ueber den Inhalt des Iter wie des Actus ist bei der Deutlichkeit der Stellen hierin von jeher verhältnißmäßig wenig Streit gewesen, indem selbst Hotoman's freilich unkluge Emendation, wodurch er in der Verzweiflung, keinen Unterschied zwischen Actus und Via auftreiben zu können, dem Actus das Fahren nahm, bei weitem nicht den Beifall fand, welchen seine Irrthümer sonst zu haben pflegten [1]). Durch den oben angegebenen Inhalt der Servituten (Recht zu gehen [2]), getragen zu werden, zu treiben, zu fahren) war auch dem Bedürfniß des Landmanns völlig Genüge geleistet [3]), und so drängt

---

1) Er emendirt nämlich beim Actus: non etiam vehiculum. Dem Einwurf, daß jumentum nach Gellius (XX. 1.) und Cicero (Caec. 12.) das Fahren enthalte, begegnete er schon vorher durch die Veränderung des Worts in armentum. — Bynkershoek's Meinung, daß das Recht zu fahren beim Actus bloß den Gebrauch eines Schubkarrens enthalte, ist so willkührlich, daß sie schon durch die Ansicht seiner überaus seichten Gründe selbst widerlegt wird.

2) Von dem Ausdruck: ambulare wird noch unten (in einer Note des 13. Abschnittes) die Rede seyn.

3) Dieß ist auch in einigen Stellen der Pandekten anerkannt. L. 2. §. 32. ne quid in loco publ. (Ulpian.) Deteriorem autem viam fieri sic accipiendum est: si usus ejus ad commeandum corrumpatur, hoc est, ad eundum vel agendum (Venet. Jenson.. 1477. hat besser: ad agendum vel ad eundum. Denn es ist hier um eine Bezeichnung des Gebrauchs zu thun, nicht um die juristische, solenne Bedeutung der Worte. Die gewöhnliche solenne Ordnung erzeugte wahrscheinlich die erstere Lesart. Vgl. die folgende Stelle.) — L. 7. de aqua quotid (Paul.) Si de via, itinere, actu, aquaeductu agatur, hujusmodi

sich uns hier schon die Bemerkung auf, daß ir Absicht auf die enthaltenen Befugnisse eine dritte Servitut überflüssig und unpraktisch gewesen wäre. Nur die Befugniß zu schleifen und eine Stange aufrecht zu tragen soll nach einer ebenfalls schon angeführten Stelle nicht im Actus begriffen seyn. Aber dieß war kein so wesentliches Bedürfniß, daß deshalb eine ganz neue Servitut mit mancherlei Abweichungen von den andern hätte entstehen sollen, obgleich dasselbe allerdings zur Entstehung auf irgend eine Art beigetragen haben kann.

Bei der Vergleichung jenes Inhalts ergiebt sich von selbst, daß im Actus auch Iter enthalten sey, nicht aber umgekehrt [4]. Und zwar ist dieß nicht bloß so zu verstehen, daß der Berechtigte während des Agere auch gehen könne, sondern auch zum Gehen allein, also bloß als Iter soll der Actus benutzt werden können [5]. Bedeutender wird die Frage,

---

cautio praestanda est, quamdiu quis de jure suo doceat, non se impetiturum agentem et aquam ducentem et iter facientem.

4) L. 1. pr. de serv. pr. rust.

5) L. 1. cit .... qui actum habet, et iter habet, etiam sine jumento. (Vulg. q a. h. iter habet, eoque uti potest et sine jumento. Noch weiter von der Flor. entfernt sich der Erlanger Codex: q. a. h. itinere uti potest etiam sine jumento.)

ob der Actus nothwendig das Iter enthallte, ob nicht ein Actus ohne das Iter ertheilt und erworben werden könne. Paulus [6]) sagt, Actus könne ohne Iter nicht gedacht werden. Dagegen findet sich in einem Fragment Ulpians [7]) folgende Stelle: qui iter sine actu vel actum sine itinere habet, actione de servitute utetur. Man hat diese Stellen (bei welchen übrigens der Umstand, daß sie aus verschiedenen Abtheilungen, die erste aus der sabinianischen, die zweite aus der Ediktsmasse, in die Pandekten kamen, die Möglichkeit eines Widerspruches näher bringt) dergestalt zu vereinigen gesucht, daß man annahm, Paulus spreche vom Iter nur uneigentlich und unjuristisch, und wolle nur die Unmöglichkeit der Ausübung des Actus ohne zu gehen gemeint haben [8]). Diese Erklärung ist deshalb falsch, weil Paulus an seine Bemerkung einen daraus folgenden Rechtssatz anknüpft, daß nämlich bei dem Legat des Actus die Ademtion des Iter keine sey, und dieß ist eben so einleuchtend, als wirklich kaum zu übersehen. Die Frage ist vielmehr

---

6) L. 1. de adim. legat. (l. 3. ad Sab.) Qui actu legato iter adimat, nihil adimit, quia nunquam actus sine itinere esse potest.

7) L. 4. §. 1. si serv. (l. 17. ad edict.)

8) S. Glück's Comment. X. S. 153. und die daselbst citirten Schriftsteller.

auf den Grundsatz der Untheilbarkeit, welcher für diese Art von Servituten gilt, zurückzuführen und von da aus zu entscheiden. In dem gegebenen Fall ist Actus legirt worden. Dieser begreift auch Iter, wie die obenangeführten Stellen lehren. Kann nun dieses Recht von dem Actus nach der Bestellung getrennt werden? Keineswegs, und der Grund ist eben jene Untheilbarkeit. Eben so wird der Fall bei der Acceptilation entschieden [9]) und hier wird noch überdieß der Grund selbst angeführt, von welchem auch jetzt Gebrauch gemacht worden ist. Derselbe ist auch der Entscheidungsgrund in einer andern Stelle [10]). Wenn dieser Grund von Paulus also ausgedrückt wird: quia nunquam actus sine itinere esse potest, so kann freilich nicht geläugnet werden, daß dieß deutlicher und mit gewisserer Verhütung eines Mißverständnisses hätte geschehen können (die Stellen des Paulus, wie wir sie haben, gehören überhaupt in dieser Lehre nicht unter die vorzüglicheren) aber eben so wenig kann

9) L. 13. §. 1. de acceptil. (Ulpian.) Si id quod in stipulationem deductum est, divisionem non recipiat, acceptilatio in partem nullius erit momenti, utputa si servitus praedii rustici vel urbani etc.

10) L. 2. quemadm. serv. (Paul.) Qui iter et actum habet, si statuto tempore tantum ierit, non perisse actum sed manere, Sabinus, Cassius, Octavenus ajunt; nam ire quoque per se eum posse, qui actum haberet.

behauptet werden, daß die Worte durchaus etwas anderes bedeuten müßten, als so eben von ihnen ausgesagt worden ist. Daß somit von dem bestehenden Actus das Iter nicht wieder getrennt werden kann, daraus folgt nicht, daß auch kein Actus ohne Iter bestellt werden könne. Indem nun die Stelle Ulpians dieses als statt findend voraussetzt, so widerspricht sie der Stelle des Paulus nicht, welcher der erstere Fall zu Grunde liegt. — — Mit unserer Frage ist eine andere, welche allerdings eine merkwürdige äussere Aehnlichkeit hat, in Verbindung gebracht worden; so von Cujacius, von ihm aber durch bloße Erwähnung [11]. Von dem Usus fructus sagt Ulpian [12]: Ususfructus an fructus legetur nihil interest, nam fructui et usus inest, usui fructus deest, et fructus quidem sine usu esse non potest: usus sine fructu potest. Und weiter: si fructu legato usus adimatur, Aristo scribit nullam esse ademtionem, quae sententia benignior est. Dagegen wird am Ende desselben Fragments ein Fall angeführt, wo fructus sine usu ist, und an einer andern Stelle [13] sagt derselbe Jurist: si fructus sine usu obtigerit, stipulatio locum habebit.

---

11) Observ. XIII. 18.

12) L 14. de usu.

13) L. 5. §. 2. usufr. quemadm. cav.

Die überraschende Aehnlichkeit der Darstellung in diesen Stellen mit der bei der vorigen Rechtsfrage, haben zur gemeinschaftlichen Behandlung und dadurch zum Irrthum verleitet, indem beide Sätze auf ganz verschiedenem Grunde beruhen. Dieser kann nämlich hier nicht die Untheilbarkeit seyn, denn der Usus fructus hat diese Eigenschaft nicht. Darum wird auch bei der Acceptilation hier ganz anders entschieden als beim Actus, dahin nämlich, daß bei der Stipulatio usus fructus die Acceptilatio usus (wofern nur kein Irrthum vorhanden sey) gelten soll [14]. Die angeführten Stellen begründen zusammengenommen folgende den scheinbaren Widerspruch aufhebende Darstellung. Fructus ohne Usus kann nicht constituirt werden (L. 14. §. 1. de usu). Wenn daher Einem der Fructus, dem Andern der Usus legirt ist, so hat der erste den ganzen Fructus

14) L. 13. §. 3. de acceptil. Der Grund wird also angegeben: cum possit usus si fructu constitui. Allerdings mag man hier nach der natürlichsten Gedankenfolge eher das umgekehrte, fructus sine usu, erwarten. Dieß bewog auch Cujacius a. a. O. sich hiefür zu entscheiden. Die richtigere Erklärung aber ist diejenige, zu welcher schon die Glosse Andeutung giebt. Die Acceptilation kann auf den Usus gerichtet werden, wodurch auf der Seite des Promittenten ein bloßer Usus entsteht ohne Fructus, und der Grund wird hernach ganz richtig angegeben: weil Usus ohne Fructus bestellt werden kann. Es ist also hier auf den Erwerber des Usus, nicht auf den bisherigen Usufructuarius zu sehen.

und einen Antheil am Usus (L. 14. §. 2. eod.) Dennoch kann Fructus ohne Usus statt finden, z. B. wenn ich den Usus als Legat habe, und der Erbe den Fructus einem Andern vermacht (L. 14. §. 3. eod.) Auf eben diese indirekte Weise kann das Verhältniß durch Acceptilatio entstehen (L. 13. §. 3. de acceptil.) Daher kann allerdings gesagt werden, si fructus sine usu obtigerit (L. 5. §. 2. usufr. quemadm.) wobei das Wort obtigerit nicht zu übersehen ist. Daraus geht hervor, daß zwar nicht direct Fructus ohne Usus bestellt, aber derselbe wohl indirekt entstehen könne. Es findet also hier gerade das umgekehrte von demjenigen statt, was wir bei den Wegservituten bemerkten. Actus kann ohne Iter bestellt, aber ist er einmal mit dem Iter entstanden, nicht erst wieder auf indirekte Weise von demselben getrennt werden; Fructus hingegen kann ohne Usus nicht bestellt werden, wohl aber kann indirekt durch nachherige Trennung ein Fructus sine usu entstehen. Endlich wird auch beim Ususfructus jener Fall der Ademtion entschieden. Si fructu legato usus adimatur, Aristo scribit, nullam esse ademtionem: quae sententia benignior est [15]). Die Entscheidung ist hier die nämliche, wie beim Actus, unerwartet, aber durch den Beisatz Ulpians hinlänglich erklärt, der

15) L. 14. §. 1. in f. de usu.

Elegantia Juris nach hätte sie vielmehr entgegengesetzt ausfallen müssen. — —

Die Betrachtungen über den Inhalt der beiden Servituten sollen mit der Erklärung folgender Stelle schließen: Si tam angusti loci demonstratione facta via concessa fuerit, ut neque vehiculum neque jumentum ea inire possit: iter magis, quam via aut actus adquisitus videbitur. Sed si jumentum ea duci poterit, non etiam vehiculum: actus videbitur adquisitus [16]). Man hat aus dieser Stelle den Schluß gezogen, daß das eigentliche Wesen des Actus im Viehtreiben bestehe, das Recht zu fahren aber nur als ein Anhang zu betrachten sey. Denn in dieser Stelle werde ja als das Charakteristische des Actus, als dasjenige, was ihm unumgänglich nothwendig sey, augenscheinlich jenes Recht genannt. — Es wird von Pomponius eine Interpretationsregel gegeben (videbitur). Wie via sehr häufig im allgemeinen Sinn für Wegservitut überhaupt vorkommt, so auch am Eingang unserer Stelle. Ist nun eine Weggerechtigkelt überhaupt verliehen, jedoch mit Bezeichnung eines Platzes, so wird von dessen Beschaffenheit die besondere Art des Rechts abhängen; kann zwar nicht gefahren, aber doch Vieh geführt

16) L. 13. de servit. (Pompon.)

werden, so wird die Servitut wenigstens für einen Actus erklärt werden müssen. Wenn aber ein Recht aus verschiedenen Befugnissen besteht, und ein Theil derseben wegen faktischer Unmöglichkeit der Ausübung in einem besonderen Falle wegfällt, so kann nicht deshalb der andere Bestandtheil für den wesentlichen erklärt werden, indem es ja in einem andern Fall auch umgekehrt seyn könnte. Freilich läßt sich gerade beim Actus das letztere nicht denken, indem man überall Vieh treiben kann, wo gefahren wird, aber nicht umgekehrt; aber dieß ändert die rechtliche Natur der Sache nicht. — Jene Behauptung wurde auch durch etymologische Versuche unterstützt, und es läßt sich denken, daß diese Gelegenheit, nichtjuristische Classiker anzuführen, im vorigen Jahrhundert nicht vernachlässigt worden ist. Ovidius, Servius und mit ihnen Cajus bewiesen theils die ohnehin ziemlich unbestrittene Verwandtschaft von agere und actus, theils daß man agi eigentlich von pecora und animalia überhaupt (also schon etwas uneigentlicher) sage. Wie aus diesem der Schluß gezogen werden könne, daß der wesentliche Bestandtheil der genannten Servitut das Viehtreiben sey, möchte einem, der mit jener Methode nicht bekannt wäre, wohl seltsam erscheinen — genug, daß es in der That geschah. Uebrigens gehören jener Zeit noch weit größere Merkwürdigkeiten an. Wie wenn Cujacius, welcher der Definition des Iter das Navigare hinzufügt, weil es nach

l. 23. §. 1. de serv. pr. rust. auch eine servitus navigandi gebe, damit abgefertigt wird, daß das Schiffen schon unter dem Reiten begriffen sey, Plautus nenne ein Schiff equum ligneum!

10.

Ich gehe über auf die Beschaffenheit der Wege selbst, welche der obengemachten Bemerkung gemäß ganz vorzüglich zu berücksichtigen ist.

Wenn wir die Worte selbst betrachten, wodurch die Wegservituten bezeichnet werden, so finden wir zwischen den beiden älteren und der neuern eine merkwürdige Verschiedenheit. Während nämlich die Bezeichnung der Via von dem Wege selbst als einer besondern Formation des Bodens hergenommen ist, so haben Iter und Actus vielmehr von der Handlung desjenigen, welcher die Servitut ausübt, ihren Namen erhalten. Was oben (S. 85.) in dieser Rücksicht vom Iter im Gegensatz zur Via gesagt ist, gilt eben so auch vom Actus. Es ist hier vom Sprachgebrauch die Rede, welcher in dieser Unterscheidung nach den obenangeführten und unzähligen andern Stellen ausser Zweifel ist, nicht etwa von der Etymologie, wodurch man vielleicht nach Varro [1]) oder Cäsar Scaliger [2]) oder Vos-

1) de L. L. IV. de R. R. I. 2.

2) S. Vossius.

sius [3]) auf ähnliche Resultate, wie beim Iter und Actus, auch bei der Via kommen könnte. So wie diese Erscheinung der bei der Darstellung einstweilen gemachten Voraussetzung nicht nur nicht widerspricht, sondern dieselbe rechtfertigt, daß nämlich Iter und Actus ihrem Wesen nach von der Via verschieden, unter sich aber ähnlicher Natur, und daher bei der Untersuchung zu verknüpfen sind, — so führt sie auch auf die Idee, daß die Art des Weges diese Verschiedenheit begründe, ja daß ursprünglich bei jenen beiden auf den Weg selbst, als einen bestimmt bezeichneten Ort des Grundstücks gar keine Rücksicht genommen worden. Und diese Vermuthung bestätigt sich in der That bei genauer Ansicht der Quellen, so daß beim Iter und beim Actus an sich von keinem bestimmten Weg die Rede ist, daß hier der Berechtigte seinen Weg über jeden Theil des dienenden Grundstücks nehmen kann, sofern dieß ohne vermeidlichen Schaden der Früchte u. s. w. geschieht, daß mithin sehr häufig diese Servituten gar keine dauernde Spuren ihres Daseyns zurücklassen, wie dieß beim Abfahren des Getreides, des Heues über des Andern Acker oder Wiese der Fall ist. — Es sollen nun die Beweise dieses Satzes angegeben werden.

---

3) Etymol. s. h. v.

1) Zuerst möge hier wieder an den oben erwähnten Umstand erinnert werden, daß die Compilatoren der Pandekten nöthig fanden, auf den Unterschied zwischen Iter und Actus durch ein eignes Fragment (L. 12. de serv. pr. rust.) aufmerksam zu machen, während dieß bei der Via nicht, oder wenigstens, wenn man das siebente Excerpt desselben Titels anführen wollte, auf eine sehr unbestimmte und unzulängliche Weise geschieht. Nimmt man nun die daraus entstehende Vermuthung, daß beide Servituten etwas eigenthümliches mit einander gemein und vor der dritten voraus hatten, mit den Bezeichnungen derselben und dem Sprachgebrauch, wie er oben erwähnt worden ist, zusammen, so wird schon dadurch wahrscheinlich, daß bei jenen beiden nicht der Boden, auf dem sie ausgeübt wurden, wie bei der dritten, das unterscheidende sey, daß also ein bestimmter Weg hier nicht zum rechtlichen Charakter gehöre.

2) Dieß wird durch eine Bemerkung unterstützt, welche Paulus in L. 20. §. 1. de serv. pr. urb. macht. Wenn nämlich der Eigenthümer eines Hauses zum Ire Agere [4]) über des Nachbarn Area berech-

4) Ob dieser Ausdruck nicht nothwendig die Via bedeute, in welchem Fall das Fragment hier unanwendbar wäre, soll unten noch zur Sprache kommen.

berechtigt ist und wegen Ungleichheit des Bodens, z. B. weil das Haus tiefer oder höher liegt als die Area, ohne besondere Vorrichtung von der letztern nicht in sein Haus gelangen kann, so hat er die Befugniß, sich die Ausübung seines Rechts durch Anlegung von Stufen oder eines allmähligen Abhangs möglich zu machen. — Wenn es der rechtlichen Natur des Actus eigenthümlich gewesen wäre, auf einen bestimmten Platz beschränkt zu seyn und die Entstehung einer Straße herbeizuführen, so konnte wohl kaum ein Zweifel über diesen besonderen Fall entstehen, da seine Entscheidung schon ganz anschaulich und ohne daß erst ein Schluß nöthig gewesen wäre, in dem Satze lag, daß jemand seine Straße zum Gebrauch herrichten könne. Indem also jener Fall nicht unzweifelhaft schien, so war wohl das Recht nicht so beschaffen, daß auf eine wirkliche Straße über die Area gerechnet wurde.

3) Es findet sich keine Breitebestimmung für Iter und Actus; eine alte Festsetzung von zwei und vier Fuß nach Isidorus und angeblich nach Varro bedarf hier kaum der Erwähnung, geschweige der Widerlegung. Denn eben so gut oder schlecht könnte man Plinius (H. N. XVIII. 3.) und die Agrimensoren mit dem Feldmaß Actus anführen. — Dieser Mangel ist wenigstens, insofern er durch unsere Voraussetzung am natürlichsten erklärt wird, nicht völlig unbedeutend.

4) Eben dieses gilt von dem Satze, daß die Befugniß zu schleifen, und eine Stange aufrecht zu tragen (man mag dieß auch durch einen hochbeladenen Wagen erklären) von dem Iter und Actus ausgenommen ist[5]. Es ließe sich durchaus kein Grund denken, warum diese Befugnisse beim Iter und Actus fehlen, wenn in dem rechtlichen Begriff derselben, wie bei der Via, ein bestimmter Weg, eine Straße läge[6]. Denn hier geschieht durch jenen Gebrauch bloß demjenigen Schaden, der den Weg ausbessern muß. Die aufgestellte Meinung hingegen ist der

5) L. 7. pr. de serv. pr. rust. — Vom Schleifen ließe sich indessen auch beim Actus etwas ausfindig machen. L. 12. eod. (Modest.) ... Iter est enim, quo (Cod. Erl.) quis pedes vel eques commeare potest, actus vero, ubi et armenta trajicere (Vulg.: trahere z. B. Cod. Erl., Venet. 1484) et vehiculum ducere liceat. Hierbei findet sich nämlich folgende kritische Bemerkung in der Glosse: armenta alias („vel" Cod. Erl.) armamenta i. instrumenta agrorum. Dieses trahere armamenta wäre aber von anderer Beschaffenheit als das Schleifen der Baumaterialien, und nicht so zerstörend. Es findet sich auch heutzutage beim Hin und herschaffen der Pflüge u. dgl.

6) Cujacius (Observ. XXII. 35.) sucht dieß aus der größern Breite der Via zu erklären. Aber einmal war der Actus nicht immer gerade schmäler als die Via (z. B. wenn er das Recht enthielt, eine ganze Heerde zu treiben) und zweitens scheint dieß vorauszusetzen, die Römer hätten ihre Balken in der Breite geschleift (eine fast einigermaßen schwierige Annahme); für Steine weiß ich selbst eine Voraussetzung dieser Art nicht aufzubringen.

leitende Grundsatz, welcher auch diese Erscheinung erklärt. Da der Actus nicht in einer bestimmten Straße bestand, so hätte durch Schleifen das ganze dienende Grundstück ruinirt werden können; eben so hätte die Befugniß, eine Stange aufrecht zu tragen leicht zum Verderben der Bäume, mit welchem das Grundstück besetzt war, geführt.

5) In Beziehung auf die Ausbesserung beim Iter und Actus, welche auch bei der behaupteten Eigenschaft an einzelnen Stellen nöthig seyn konnte, sprechen einige Fragmente von dem Herbeiführen der Materialien auf längerem oder kürzeren Wege, mit größerem oder geringeren Nachtheil des dienenden Grundstücks. Dieß setzt eine Unbestimmtheit des Wegs voraus; ausserdem hätte ja die Straße selbst bis zur beschädigten Stelle gebraucht werden können[7].

6) In der römischen Theorie der Wegservituten finden sich mehrere Spuren dieser Eigenschaft. In der Voraussetzung, daß Iter und Actus die ältesten sind, können hier auch die Stellen angeführt werden, welche von den Wegservituten im allgemeinen

---

7) L. 4. §. 1. de itin. Si quis autem cum posset compendiario (Gothofr.) adportare, quae refectioni necessaria sunt, longiori itinere velit adportare etc. L. 5. §. 1. eod. Plane si quis cum posset alia parte agri sine incommodo domini fundi impensam adportare, id egit, ut alia parte adportet etc.

sprechen. Die Theorie hat sich wohl nach der Eigenthümlichkeit der früheren gebildet, und die später entstehende, wiewohl verschiedenen Charakters, änderte die bestehende Gestalt nicht, sondern wurde an eine Lehre angereiht, welche freilich, wäre jene schon früher vorhanden gewesen, eine andere Form hätte erhalten müssen. — Jene Eigenthümlichkeit der Wegservituten scheint sich vornämlich bei dem Besitze derselben zu zeigen. Weil die Ausübung des Rechts bloß auf der Handlung des Berechtigten beruht, indem nach unserer Annahme von einer bestimmten Anstalt, woran sie geknüpft wäre, nicht die Rede seyn kann, so kann es hier keinen ständigen und fortdauernden Besitz geben, welcher im andern Falle allerdings statt fände. Dieß sagt Paulus in l. 14. pr. de servit. folgendermaßen: Servitutes praediorum rusticorum [8]) ...... tales sunt servitutes, ut non habeant certam con-

8) Wie dasjenige, was hier von allen ländlichen Servituten gesagt wird, von dem Aquäductus nicht durchaus gelte, und wie dieses, namentlich auch in Absicht auf das Interdict, zu erklären sey, das kann in den Gränzen dieser Abhandlung nicht ausgeführt werden. Nur das sey hier vorläufig bemerkt, daß bei dieser Servitut eine ähnliche Unterscheidung, wie bei den Wegservituten zu beachten scheint, woran bisher wohl vornämlich die mitgebrachte Vorstellung eines Aquäducts, als eines bedeutenden Bauwerks, gehindert hat. Vgl. L. 21. de serv. pr. rust. und L. ult. de aqua quotid.

tinuamque possessionem, nemo enim tam perpetuo, tam continenter ire potest, ut nullo momento possessio ejus interpellari videatur. (Was nun folgt: Idem et in servitutibus praediorum urbanorum observatur, bezieht sich nicht auf die angeführten Worte, sondern auf den Satz, welchen sie begründen sollen: daß keine Usucapio servitutum statt finde). — Eben so augenscheinlich ist der Einfluß des aufgestellten Grundsatzes auf die Interdicte. Daraus, daß es hier keine „certa et continua possessio" gab, eben weil kein bestimmter Weg zum rechtlichen Begriff der Servitut gehörte, folgte die Nothwendigkeit eines eigenen Interdicts; im entgegengesetzten Falle würde eben so wie bei andern Servituten das Interdictum uti possidetis ausreichen. Darum heißt es bei Ulpian[9]): neque ad praesens tempus refertur usus, quia plerumque itineribus (vel via — über diesen Zusatz unten) non semper utimur, nisi cum usus exegerit. Die Richtigkeit dieser Folgerung wird durch die Allgemeinheit derselben bewährt. Das Interdictum uti possidetis ließ sich bloß auf diejenigen Servituten übertragen, wo eine ununterbrochene Ausübung, ein fortdauernder Besitz vorkommt, mithin weder auf die Wegservituten (interdictum de itinere actuque pri-

9) L. 1. §. 2. de itin.

vato) noch auf den Aquähaustus, welcher dieselbe Natur hat (int. de fonte — über den Aquäductus siehe Note 8.); eben so wenig aber auf die Fälle des Ausbesserns und Wiederherstellens, eben weil es keine continuirliche Ausübung dieses Rechts giebt (interdicta: de itinere actuque reficiendo, de fonte reficiendo, de rivis, de cloacis). — Auf den behaupteten Charakter bezieht sich auch die singuläre Bestimmung, daß bei dem Interdictum de itinere actuque reficiendo ausser dem Besitz der Servitut auch das Jus reficiendi erwiesen werden mußte, was sich sonst bei keinem possessorischen Interdicte findet[10]). Denn das Bedürfniß der Ausbesserung kam beim Iter und Actus nicht regelmäßig vor, wiewohl das Recht dazu, wenn das Bedürfniß vorhanden war, vermuthet wurde. Daher konnte jene Bedingung des Interdicts (das Jus reficiendi) durch den Beweis des Rechts der Servitut dargethan und in der That auch nicht anders bewiesen werden[11]). — In L. 19. quemadm.

---

10) Savigny R. d. Bes. (4. Aufl.) S. 462.

11) L. 3. § 13. 14. de itin. Ob dieses Interdict, welches auf die Ausbesserung des Wegs gieng, auch auf die Via übertragen worden, kann, wie mich dünkt, noch bezweifelt werden. Die Stellen in den Pandekten sprechen nur vom Iter und Actus (viae muniendae causa in L. 3. §. 16. eod. steht im allgemeinen Sinne, und bedeutet den Weg überhaupt. Eben so de refectione viae in L. 4. §. 5. si serv.

servit. (Pompon.) [12]) wird ein merkwürdiger Unterschied zwischen den Wegservituten und einem Fall des Aquäductus angegeben, welcher unsere Annahme unterstützt. Es wurde die Servitus Aquäductus bestellt, zu deren Ausubung eine besondere Anstalt (rivus) erforderlich war. Dieses Recht kann nicht non utendo verloren werden, ehe die Vorrichtung wirklich gemacht ist. Anders ist es bei der Bestellung einer Wegservitut; diese wird, wenn der Berechtigte auch, z. B. bei der Erwerbung durch Legat, nichts davon weiß, dennoch non utendo verloren. Der Grund dieser Verschiedenheit ist kein

---

vind.) Bei der Via nach ihrer unten darzustellenden Beschaffenheit war das Recht der Ausbesserung nothwendig in der Servitut selbst begriffen, daher paßte auf sie jene Bedingung des Beweises nicht. Hätten auch die Juristen das Interdict auf die Via ausdehnen wollen, so würde sich wohl schwerlich jemand gefunden haben, welcher sich jener Beweislast unterziehen mochte, wenn er auf eine viel einfachere Weise seinen Zweck erreichen konnte, nämlich durch das bloße Interdictum de itinere. Denn wer bei der Via an der Ausbesserung der Straße gehindert wird, ist in der Ausübung der Servitut selbst gestört, von welcher jenes Recht ein wesentlicher Bestandtheil ist.

12) Ich glaube, daß via darin im allgemeinen Sinne für Wegservitut überhaupt gebraucht sey. Sollte diese Anwendung der Bedeutung auf den gegenwärtigen Fall willkührlich scheinen, so mag man auch die bestimmte Servitut darunter verstehen. Gleichgültig ist es hier deswegen, weil, wie oben bemerkt worden, für die später entstandene Via im ganzen keine neue Theorie gebildet wurde.

anderer, als weil es im letztern Falle auf einen bestimmten Weg, auf eine besondere Vorrichtung nicht ankam. — An diese abgeleiteten Sätze reiht sich endlich auch der Unterschied an, welcher hinsichtlich der Operis novi nunciatio zwischen den Weggerechtigkeiten und den übrigen Realservituten gemacht wird, indem jenes Rechtsmittel bei den ersteren nicht statt findet [13]).

7) Das Merkmal, welches nach meiner Ansicht dem Unterschiede zwischen den Wegservituten zu Grunde liegt, und das sich nach der bisherigen Untersuchung dadurch empfiehlt, daß es als Grundsatz angesehen werden kann, worauf mehrere Sätze in dieser Rechtslehre zurückweisen, dieses Merkmal ist nicht etwa ein durch bloße Speculation herausgebrachtes, ohne sichtbare Stütze bestehendes, sondern es ist in den Fragmenten selbst, die aus den juristischen Schriften des Alterthums auf uns gekommen sind, von jener Eigenschaft die Rede. Zunächst wird ganz deutlich der Fall unterschieden, wo ein bestimmter Weg bezeichnet und wo dieß nicht der Fall ist, wo also, im letztern Fall, über jeden Theil des dienenden Grundstücks gegangen und gefahren werden kann. Es wird zwar in der nachher anzuführenden Stelle nicht gesagt, daß dieses die ur-

---

13) L. 14. de op. novi nunc.

sprüngliche, eigenthümliche Eigenschaft des Iter und Actus sey. Dann würde eben die gegenwärtige Abhandlung und viele ihrer Vorgänger ganz unnöthig gewesen seyn. Aber so wie einerseits der Gegenstand der Untersuchung selbst einen mit Einer Stelle vollständig geführten Beweis ausschließt, so scheint wenigstens andrerseits aus allen angegebenen Punkten zusammengenommen eine begründete Ueberzeugung hervorgehen zu können. In jener Stelle entscheidet der Jurist die Frage über die Ausübung der Wegservitut bei einem gemeinschaftlichen, nach Bestellung derselben getheilten Grundstücke. Nach Entscheidung der Frage [14]), A) wenn das berechtigte Grundstück unter Miteigenthümer getheilt wurde, geht er über B) auf den schwierigeren Fall, wenn dieses bei dem dienenden Grundstück statt fand. Hier können, sagt der Jurist, zwei Fälle zu unterscheiden seyn. Es kann nämlich einmal a) die Servitut so beschaffen seyn, daß sie auf einem bestimmt bezeichneten Wege ausgeübt wird. Wird dann das Grundstück so getheilt, aa) daß durch die Theilungslinie der Weg in der Breite durchschnitten wird (per longitudinem viae), so wird es so gehalten, als ob gleich bei der Bestellung zwei Grundstücke gewesen wären.

---

14) Die eingeklammerten Buchstaben beziehen sich auf den Abdruck des Fragments in der folgenden Note.

Wird aber das Grundstück der Länge des Wegs nach (per latitudinem viae) getheilt, bb) so daß nach dem lateinischen Ausdruck dieses Falls der Weg selbst in der Breite getheilt wird und auf der Gränze läuft, dann wird es vielmehr mit der Servitut so gehalten, als wenn keine Theilung vorgegangen wäre. Doch kann auch in diesem Fall das eine Grundstück befreit werden cc) auf doppelte Weise: sowohl durch besondere Uebereinkunft α), als auch β) durch Consolidation, indem der Berechtigte das eine Grundstück erkauft. Denn in beiden Fällen erlischt keineswegs die Servitut auch für das andere, wenn der auf dem andern übrig bleibende Platz noch hinlängliche Breite hat αα), nur wenn dieß nicht der Fall ist, ββ) werden beide Grundstücke befreit. — Zweitens b) aber kann die Servitut auch so beschaffen seyn, daß ohne Festsetzung eines bestimmten Wegs über jeden Ort des Grundstücks gegangen und gefahren werden kann. Hier wird das Rechtsverhältniß so betrachtet, als wären gleich anfangs zwei Servituten auf zwei Grundstücken erworben worden [15]).

---

15) Dieß ist enthalten in L. 6. §. 1. quemadm. serv. (Celsus l. 5. Dig.) ... Si divisus est fundus inter socios regionibus A) quod ad servitutem attinet, quae ei fundo debebatur .... Sed si is fundus, qui servierit B) ita divisus est, plusculum dubitationis eares habet. Nam si a) certus ac finitus viae locus est, tunc si aa) per longitudinem

Die Erklärung des Schlußsatzes mag, obgleich eigentlich nicht hieher gehörig, doch gleich hier ihre

---

ejus fundus divisus est, eadem omnia servanda erunt, quae si initio constituendae ejus servitutis similiter ii (Cod. Erl) duo fundi fuissent. Si vero bb) per latitudinem viae fundus divisus est (nec multum refert, aequaliter id factum est an inaequaliter) tunc manet idem jus servitutis, quod fundo indiviso fuerat; nec aut usu detineri aut non utendo deperire nisi tota via poterit .... Possunt tamen cc) alterutrum fundum liberare, si modo α) hoc specialiter convenit. Certe β) si is cui servitus debebatur, alterum ex ea divisione fundum redemerit, non (Cod. Erl. Ven. 1484.) ideo minus ea re fundi alterius servitus permanebit, nec video quid absurde consecuturum sit eam sententiam, fundo altero manente servo: si modo et ab initio potuit angustior constitui via, quam lege finita est, et adhuc id loci superest in eo fundo, cui remissa servitus non est, ut sufficiat viae $\alpha\alpha$). Quod si minus loci superest, quam viae sufficiat $\beta\beta$) uterque fundus liberabitur ... Caeterum si b) ita constitutum est jus viae, ut per quamlibet partem fundi ire agere liceat, ... tunc perinde observabimus, atque si ab initio duobus fundis duae servitutes injunctae fuissent, ut altera retineri, altera non utendo possit deperire. Zu den in die letzte Lücke gehörigen Worten (nach Geb. .... liceat, idque vel subinde mutare nihil prohibet. Vulg. z. B. Cod. Erl. (corrig. si) Venet. 1484.; idque si velit subinde etc) enthält die Glosse folgende kritische Bemerkung (nach Venet. 1484; in neuern Ausgaben finden sich einige Verschiedenheiten) idque si velit (wahrscheinlich idque velit) alias si velit et alias si velis et subaudi: cum constitutum sit, vel si velit etc. et quod subjicit, nihil prohibet, quominus mutet, sicut et mutat, ubi sibi non fuit data expresse potestas, ut statim subji-

Stelle finden. Der Jurist berührt den Einwand, welchen man gegen die Entscheidung des letzten Falls machen könnte: daß durch ein Factum alienum das Recht des Andern verändert, ja verschlimmert werde, indem er nun über beide Grundstücke gehen müsse, um sein Recht zu erhalten, das er bei ungetheiltem Grundstück nur einfach ausübte. Dieß stehe der Entscheidung nicht im Wege. Ueberdieß habe der scheinbar Beeinträchtigte auf der andern Seite Vortheil davon, und der Ausdruck dieses Vortheils ist es eben, was hier zu erklären ist. Es lassen sich nun zwei Fälle denken, welche unter jene letzte Entscheidung passen, einmal der Fall eines schon bestehenden und ausgeübten Iter und Actus, welchem das ganze Grundstück dient, dann aber auch der Fall einer Via im eigentlichen Sinn, welche zwar bestellt worden ist, zu der aber der Berechtigte den

---

cit. Hiernach wird die Stelle so erklärt: wenn jene Beschaffenheit der Servitut entweder gleich anfangs festgesetzt, oder in der Folge durch willkührliche Aenderung, wenn nichts entgegensteht, entstanden ist. Nach der allererst angeführten Lesart: und auch einer nachfolgenden Aenderung steht (rechtlich) nichts entgegen.

Indirekt ist die Möglichkeit der behaupteten Eigenschaft ausgesprochen in L. 15. comm. praed. (Paul.) Qui per certum locum iter aut actum alicui cessisset, eum pluribus, per eundem locum vel iter vel actum cedere posse, verum est. Aus dem gemachten Zusatz muß auf die Möglichkeit des entgegengesetzten Falls geschlossen werden.

wirklichen Weg noch nicht ausgewählt hat. Jenen Fall übergeht der Jurist, indem er von der Vortheilhaftigkeit seines Ausspruchs redet, entweder weil dabei in der That keine vortheilhafte Seite sich auffinden ließ, oder weil es nicht der Fall war, über den er das Responsum abzufassen hatte. Denn daß die Stelle ein Responsum ist, darf bei ihrer Erklärung überhaupt nicht übersehen werden. Er wendet sich also sogleich, ohne den ersten hier zu berühren, zum zweiten, wo sich denn allerdings der Vortheil fand, daß der Berechtigte zwei Wege wählen konnte [16].

8) Die aufgestellte Behauptung von der eigenthümlichen Natur des Iter und des Actus wurde bisher durch das genaue Einpassen derselben in das Rechtssystem zu begründen versucht, und es fand sich ferner eine Stelle, welche derselben als sichtbare Unterlage dienen kann. Endlich aber muß hier noch ein anderes Fragment aus einer Schrift des Juristen Javolenus angeführt werden, in welchem

16) Dieß ist der Sinn folgender Worte: Nec me fallit, alieno facto jus alterius immutatum iri: quoniam antea satis (so besser die Vulg. s. Cod. Erl. Ven. 1484.) fuerat, per alteram partem ire agere, ut idem jus ei in altera parte fundi retineretur. Contra illud commodum accessisse ei, cui via debebatur, quod per duas pariter vias ire agere possit: bisque octonos in porrectum esse (Cod. Erl.) et bis senos denos (Cod. Erl. Ven. 1484.) in anfractum.

jener unterscheidende Charakter beinahe unmittelbar vor die Augen gerückt wird. Es ist L. 13. §. 1. de serv. pr. rust. Die Erklärung desselben möge den gegenwärtigen Abschnitt schließen.

> Si totus ager itineri aut actui servit, dominus in eo agro [17]) nihil facere potest (poterit Cod. Erlang.) quo servitus impediatur, quae ita diffusa est, ut omnes glebae serviant. At si iter actusve sine ulla determinatione legatus est: modo determinabitur. et qua primum iter determinatum est, ea servitus constitit: ceterae partes agri liberae sunt. Igitur arbiter dandus est, qui utroque casu viam determinare debet.

Vor allem ist zu bemerken, daß das „si," mit welchem die Stelle beginnt, nicht in dem gewöhnlichen Sinne, eine Alternative anzeigend, steht. Vielmehr hat es die nicht selten vorkommende Bedeutung von quum, da, weil [18]). „Das ganze

---

17) Venet. 1484. in agro. Diese Lesart, für welche ich jedoch keine weitere Unterstützung auffinden konnte, würde sehr gut zu der hier versuchten Erklärung der Stelle passen. Indessen ist auch die gewöhnliche nicht entgegen.

18) So findet es sich auch z. B. in folgenden Stellen. Cic. ad Div. XI. 5. ... si ne in illa quidem re etc. Cat. I. 3.

Grundstück ist der Ausübung des Iter und Actus unterworfen; mithin, wenn dieß der Fall ist, darf der Eigenthümer des Grundstücks nichts auf demselben vornehmen, wodurch die Ausübung der Servitut gehindert wird, indem diese in der Ausdehnung besteht, daß alle Schollen derselben unterworfen sind." Man könnte den Einwand machen, daß in den Worten des Fragments von der wirklichen Ausübung der Servitut nicht die Rede sey, daß vielmehr damit nur die Befugniß des Berechtigten angedeutet werde, einen Weg über irgend einen Theil des Grundstücks zu wählen, welcher aber, einmal bestimmt, unabänderlich bleibe [19]. Dieser Einwurf wird durch die zunächst folgenden Worte ausgeschlossen. „Wenn hingegen [20]) fährt der Jurist fort, Iter oder Actus vermacht ist ohne nähere Bestimmung eines Weges, dann soll diese Beschränkung auf einen bestimmten Weg allerdings statt finden." Wenn das nämliche hätte im ersten Satz ge-

---

pr. III. 12. pr. Seneca ep. 106. Si affectus etc. Paulus in l. 48. §. ult. de jure fisci u. s. w.

19) Dafür könnte man L. 9. de servit. anführen. Diese Stelle aber spricht von der Via, und wird weiter unten gebraucht werden.

20) Für At hat der Cod. Erlang. aut, und eben dieses Wort ist durch Correctur in die Florentinische Handschrift gekommen. Offenbar ist diese Lesart, wenigstens wie wir die Stelle besitzen, ganz unpassend.

sagt werden sollen, so mußte wohl die Fassung des zweiten ganz anders ausfallen, und derselbe nicht als Ausnahme von einer Regel, wie dieses jetzt der Fall ist, hingestellt werden. An den zweiten schließt sich der letzte Satz an. „Deshalb (weil hier eine Beschränkung statt findet) ist ein Arbiter zu bestellen, der sowohl beim Iter als beim Actus den Weg festsetzt [21].“

Durch diese und die unter Num. 7. angeführte Stelle ist es ausser Zweifel gesetzt, daß die Unbeschränktheit hinsichtlich des Wegs bey jenen Servituten vorkam, ja es erhellt daraus, daß dieses sogar der regelmäßige Fall war. Wenn nun hierzu die früher gemachten Beobachtungen kommen, der permanente Einfluß des Satzes auf die Theorie, das Durchschimmern desselben bei den verschiedenen Anwendungen und Fortbildungen der Lehre, ist dieß wohl hinchend zur Begründung einer Ansicht, welche diese Eigenschaft zum unterscheidenden Merkmal der Wegservituten macht.

11.

In der vorgetragenen Meinung über die eigenthümliche Natur des Iter und des Actus liegt keines-

21) Das „utroque casu“ wird schon in der Glosse richtig auf die beiden Servituten bezogen.

neswegs die Nothwendigkeit, daß diesen Servituten jene Eigenschaft auf eine Art wesentlich sey, welche jede conventionelle Einwirkung bei ihrem Eintritt ins Leben ausschließe. Wenn daher aus den im vorigen Abschnitte gemachten Bemerkungen die Unbeschränktheit hinsichtlich des Orts als etwas jenen Servituten ursprünglich inwohnendes hervorgeht, so findet sich wiederum an mehreren Stellen unserer Quellen der Fall eines begränzten Actus, eines auf einen bestimmten Platz beschränkten Iter erwähnt. Gewöhnlich entsteht diese Rechtsform durch Verabredung der Parteien; der Fall, wo eine solche nicht nöthig ist, soll nachher angegeben werden. Nach der neuern Kunstsprache müßte man also jene Eigenschaften zu den natürlichen dieses Rechtes zählen.

Für die Abweichung von der ursprünglichen Natur der Wegservitut, für die Entstehung eines örtlich bestimmten Actus rc., wo der Berechtigte nur über einen besonders bezeichneten Platz des Grundstücks fahren rc. sollte, lassen sich so viele Fälle denken, als es Ursachen eines solchen Bedürfnisses geben kann. Es mag hier die Erwähnung zweier Fälle, für den Berechtigten und für den Verpflichteten, genügen. Auf den ersten Anblick scheint der Berechtigte durch die Unbeschränktheit des Actus sehr im Vortheil zu stehen. Aber diese umfassende Befugniß kann ihm sehr unnütz werden, wenn etwa das dienende Grundstück durch Sümpfe u. dgl. so unwegsam ist, daß er ohne besondere Vorrichtung sein Recht gar nicht ausüben kann. Diese Nothwendigkeit wird ihn von selbst auf einen bestimmten Platz beschränken, und diese Beschränkung kann, um eine Veränderung des Platzes zu verhüten, die dem dienenden Grundstücke auf mannichfache Weise nachtheilig seyn kann, gleich bei der Bestellung der Servitut gemacht werden. So kann ferner das dienende Grundstück zwar durch die Unbeschränktheit der Servitut einen bedeutenden Vortheil gewinnen; es wird nämlich dadurch verhindert, daß ein Theil des Grundstücks (welcher zum Wege dienen müßte) der Benutzung entzogen wird. Dieß ist z B. recht anschaulich bei Wiesen der Fall, wo unzählige Wagen, welche an verschiedenen Orten darüber fahren, nach der Ernte nicht schaden, weil sie keine bleibende Spur, wie ein bestimmter Weg, zurücklassen. Dagegen kann aber auch hier die Beschränkung vortheilhaft seyn. Ein Theil des Grundstücks kann unfruchtbar seyn, also ohnehin ungenützt liegen bleiben, oder auf eine Art benutzt werden, welche durch den Pfad weniger gefährdet ist. Dieß wird den Besteller der Servitut bewegen, ein beschränktes Iter ꝛc. zu ertheilen. — Von einem also modificirten Actus oder Iter ist in einigen von den Stellen die Rede, welche im vorigen Abschnitte angeführt wurden, und es ist um so weniger nöthig, hier noch mehrere als Beweise aufzuzählen, als einerseits jedem Leser der hiehergehörigen Theile unserer Quellen von selbst dergleichen zur Genüge entgegenkommen, andrerseits es bisher gerade die gewöhnliche stillschweigend oder ausdrücklich erklärte Meinung der Rechtsgelehrten war, dieß sey die einzige für die Servituten vorkommende Form.

Nicht allein durch Verabredung entsteht ein auf einen bestimmten Weg beschränkter Actus, es giebt auch einen Fall, wo diese Eigenschaft die Folge der bloßen unbestimmten Ertheilung ist. Wenn nämlich Actus oder Iter legirt ist, so soll im Zweifel immer ein beschränkter verstanden, also ein unveränderlicher Weg gewählt werden [1]).

1) L. 13. §. 1. de serv. pr. rust. Es ist bekannt, daß die Frage, wer die Wahl des Wegs habe, von verschiedenen Pandektenfragmenten verschieden beantwortet werde, indem L. 26. eod. dieselbe dem Erben ertheilt, L. 9. de servit. dagegen diese Befugniß dem Berechtigten (zunächst bei der Via) einräumt; endlich spricht L. 13. cit. von einem Arbiter, welcher den Ort bestimmen soll. Daß sich die verschiedenen Aussprüche der beiden ersten Stellen auf den schon vor der Abfassung der Pandekten aufgehobenen Unterschied zwischen den Legaten beziehe (L. 1. C. comm. de legat.), ist ziemlich allgemein angenommen und auch das wahrscheinlichste. Dabei ist noch der Umstand zu bemerken, daß die Stellen nicht aus derselben Masse sind. Die Entscheidung durch den Arbiter bezieht sich auf den Streit, welcher bei der einseitigen Wahl entstehen kann, und auf dessen Möglichkeit L. 9. cit. und L. 26. cit. hindeuten. — Ueber das geltende Recht kann nach L. 1. C. cit. kein Zweifel obwalten.

Ausser dieser Beschränkung, die uns hier zunächst angieng, können die Servituten auch noch auf andere Weise modificirt werden, namentlich in Absicht auf dasjenige, was über den Weg geht, auf die Zeit u. dgl. [2]).

12.

Wenn es beim Actus und beim Iter Fälle gab, wo sie gegen ihre ursprüngliche Beschaffenheit auf einen bestimmten Weg beschränkt waren, so hatte dieß doch keine Veränderung ihrer Eigenthümlichkeit zur Folge, und niemals war es der Weg, der ihre rechtliche Natur bestimmte. Bei dieser Einfachheit blieb es aber keineswegs. Es entstand vielmehr eine dritte Wegservitut, welche eine von den vorigen ganz verschiedene Grundlage hatte, und diese ist die Via, deren Name schon die genaue Verwandtschaft des Begriffs mit dem Wege anzeigt. Auch diese Erscheinung hängt ganz natürlich mit dem gewöhnlichen Gang der Geschichte zusammen. In alten Zeiten, wo bloß der Landbau Zweck dieser Servituten war, war kein Bedürfniß vorhanden, welches die Entstehung einer dritten gefordert hätte. Als aber der Luxus stieg, und namentlich die Stadt zu gewissen Zeiten aufs Land zog, so mochte bei der Verfeine-

2) L. 4. §. 1. de servit. L. 5. §. 1. eod. L. 14. pr. comm. praed. L. 11. pr. quemadm. serv.

rung des Landlebens wohl eher ein solches Bedürfniß erzeugt werden, und manchem Besitzer einer von fremdem Grundeigenthum eingeschlossenen Villa mochte eine wirkliche Straße als Servitut für sich, zahlreiche Dienerschaft und noch zahlreichere Gäste nothwendig seyn. So kam man, wahrscheinlich durch die natürliche Vermittlung des beschränkten Actus, auf die dritte Wegservitut, welche wir jetzt zu betrachten haben.

Zuvörderst ist rücksichtlich der Bezeichnung derselben zu bemerken, daß via in den Stücken unserer Rechtsquellen, welche von dieser Materie handeln, in verschiedenem Sinne gebraucht wird. Nicht immer heißt das Wort die bestimmte Servitut, von welcher hier die Rede ist, sondern oft kommt es in zwei allgemeineren Bedeutungen vor, einmal für die örtliche Grundlage einer Weggerechtigkeit, für den Weg selbst, und zwar sowohl für den Weg der Via (als Servitut)[1]) als des Actus und Iter[2]) und auch

1) Die Stellen finden sich sehr häufig z. B. L. 14. de op novi nunc. Qui viam habet, si opus novum nunciaverit adversus eum qui in via aedificat ... L. 8. de serv. pr. rust. Viae latitudo ex L. etc.

2) z. B. L. 13. §. 1. eod. ... iter actusve ... arbiter ... qui utroque casu viam determinare debet. Vet. inscr. apud Gruter. pag. 201. nro. 3. Per hanc viam fundo c. marci c. l. phileronis iter actus debetur.

ganz im allgemeinen [3]) — dann aber für Wegservitut überhaupt, als Gattungsbegriff [4]).

Was nun zuerst berücksichtigt werden muß, ist der **Inhalt der Servitut**, d.h. die Art der Benutzung, welche dem Berechtigten zusteht. Ohne unsere Quellen anzugehen, können wir erwarten, daß in Absicht auf den natürlichen Gebrauch des Weges nichts bei der Via vorkomme, das nicht schon im Actus und Iter enthalten sey. Und so verhält es sich auch in der That, wie dieß schon **Theophilus** [5]) bemerkt hat; die in der Via enthaltenen, aus der Natur eines Wegs folgenden Befugnisse werden mit ire agere bezeichnet [6]), und namentlich findet sich die Bestimmung, daß iter et actus der vollständige Ausdruck für den Inhalt der Via seyn soll, beides nicht allein in der gewöhnlichen Sprache, welche man hierin für unpräcis halten könnte, sondern in solennen Formeln [7]). — Es ließe sich nun

---

3) z. B. L. 157. §. 1. de V. S. Via est sive semita sive iter est.

4) Auch diese Bedeutung kommt nicht selten vor. So in L. 13. de servit. L. 14. de serv. pr. rust. L. 6. quemadm. serv. u. s. w.

5) Zu der hiehergehörigen Institutionenstelle. Im übrigen, fügt er hinzu, gebe es allerdings Verschiedenheiten, die in den Pandekten vorgetragen würden.

6) z. B. L. 9. de servit. und sonst sehr häufig.

7) L. 13 § 1. de acceptil. (Ulpian.) Si tamen viam quis stipulatus, accepto iter vel actum fecerit, acceptilatio nul-

nach dem nachher noch näher zu beleuchtenden Charakter der Via wohl denken, daß es eine doppelte

ius erit momenti: hoc idem est probandum si actus accepto fuerit latus; si autem iter et actus accepto fuerit latus, consequens erit dicere, liberatum eum qui viam promisit. — L. 1. de serv. pr. rust... nam et iter et actum in se (Flor. et se) via continet. Nach der Florentina müßte man die Stelle so verstehen: die Via enthält die Befugnisse des Iter und Actus, und noch überdieß eine eigentliche Straße (via); aber dieß würde ein so gezwungener und unzeitiger Witz seyn, daß die Verwerfung jener Lesart allerdings nichts gegen sich hat.

Einige sind noch viel weiter gegangen und behaupten sogar, iter et actus bezeichne in unsern Quellen ausschließlich die Via. Glück Comment. X. S. 161. u. d. dort. Cit. Dieser Meinung steht entgegen, 1) daß es sehr natürlich war, da es auch einen Actus ohne Iter geben konnte, von einem Actus und Iter zu sprechen, wenn man den vollständigen Actus bezeichnen wollte. 2) Die Formel ire agere kam ohne Zweifel schon vor Entstehung der Via vor; und die Behauptung jener Gelehrten (s. Glück S. 160.), daß der zum Actus Berechtigte in jedem Falle bloß die Formel „sibi agere licere" habe gebrauchen können, ist ganz unbegründet. 3) L. 2. quemadm. serv. (s. oben S. 120) nennt am Ende, was sie am Anfang mit iter et actus bezeichnet hatte, actus allein. Ganz falsch ist es, den Ausspruch dieser Stelle: „wer gehe, retinire den Actus," auf die Via zu beschränken (hauptsächlich zur Vertheidigung dieser Meinung ist jene Ansicht von iter et actus gebraucht worden), und zu glauben, der Actus gehe verloren, wenn die Verjährungszeit hindurch nur gegangen worden sey. Dagegen spricht einmal unsere Stelle, welcher nur sehr gezwungen ein anderer Sinn beigelegt werden kann, dann aber auch der Grundsatz der Untheilbarkeit.

gegeben habe, eine, welche dem Iter, eine zweite, die dem Actus entsprach. So hat sich aber das Rechtsverhältniß nicht gebildet. Vielmehr ist im römischen Recht von Einer Via die Rede, welche den beiden andern Wegservituten coordinirt ist. Ihr Inhalt ist angegebenermaßen Iter und Actus. Ausserdem aber kommen für die Via noch einige Befugnisse vor, welche (zum Theil wenigstens) nicht in der gewöhnlichen Benutzung eines Weges begriffen sind. Dahin gehört das Recht Balken, Steine u. s. w. zu schleifen, ferner eine Hasta zu tragen [8]), worüber folgende Stelle des Paulus in die Pandekten gekommen ist [9]): Qui viam habent, eundi agendique jus habent, plerique et trahendi quoque et rectam hastam referendi, si modo

---

8) Für diese Hasta hat es nicht an gelehrten und schiefen Erklärungen gefehlt. Jetzt sind zwei gewöhnlich: man versteht entweder darunter die Höhe des beladenen Wagens, oder ganz einfach das Recht, eine Stange aufrecht zu tragen (was sich zum Behufe des Landbau's allerdings denken ließe). Der ersteren Meinung stehen in L. 7. pr. de serv. pr. rust. die Worte: quia neque eundi neque agendi gratia id faceret, entgegen, denn man kann nicht sagen, die Beladung des Wagens geschehe nicht agendi gratia. Für die zweite Meinung spricht, daß sich durch sie der Satz gegen den Vorwurf der trivialesten Einfalt retten läßt; das Hastam ferre gehört nicht zum regelmäßigen Gebrauch eines Wegs, also nicht zum ire oder agere.

9) L. 7. pr. de serv. pr. rust.

fructus non laedantur[10]). Für den letzten Satz: plerique etc. findet sich bei den Neuern die Erklärung: es sey eine Controverse zwischen den Römern gewesen, und somit habe plerique die nämliche Bedeutung wie das frühere: quidam nec hastam rectam ei ferre licere; sie suppliren also nicht allein putant, sondern ausserdem auch: eos habere jus. Natürlicher und den Worten angemessener ist es, diesen Satz an den vorigen anzuschließen: Welche die Via haben, die haben das Recht zu gehen und zu fahren, die meisten auch das Recht zu schleifen ꝛc.

In unserer Untersuchung kann um so weniger bei dem Inhalt der Via stehen geblieben werden, als gerade bei den unwesentlicheren Punkten, wodurch sich dieser Inhalt von den im Actus und Iter liegenden Befugnissen unterscheidet, die Frage entsteht: welches denn der Grund dieses Unterschiedes war. Denn wenn ein Recht (wie das römische) in einem Volke lebt, ohne daß gesetzgeberische Willkühr einen bedeutenden Einfluß darauf zu gewinnen ver-

---

10) Beim Abdruck der Stellen ist in der Regel die Gebauerische Ausgabe gebraucht worden. Aenderungen, welche mit der Untersuchung zusammenhängen, sind als solche bemerklich gemacht. Die obige Aenderung (laedantur für laedat) ist hinsichtlich der Florent. wirklich gar keine, wenn man nicht die Entzifferung der (freilich dort seltenen) Siglen so nennen will.

mag, ohne daß wenigstens dieser Einfluß mächtig genug ist, um den Augen des Beobachters die Scheidung des regelmäßigen vom willkührlichen unmöglich zu machen, so ist es einem Baume vergleichbar, wo jedes Zweiglein den Ast, und jeder Ast den Stamm als seinen Stamm nachweisen kann. Und die Benutzung dieser Möglichkeit, die Beantwortung der Frage woher? und warum? charakterisirt eben eine wissenschaftliche Behandlung. — Vor allem verdienen diejenigen Gelehrten, welche keinen Unterschied zwischen Actus und Via anerkennen [11]), eine ehrenvollere Erwähnung, als ihnen gewöhnlich zu Theil geworden ist. Insofern in dieser Behauptung eine Spur des Satzes liegt, daß der wesentliche Unterschied der Servituten nicht in den ihnen inwohnenden Befugnissen liege, daß vielmehr die wesentlichen und regelmäßigen sich in beiden finden, so war sie allerdings ein bedeutender Fortschritt zur Wahrheit, und ist als solcher zu achten, wenn gleich damit bei jenen Juristen mehr oder weniger Irrthümer verknüpft waren. Bei weitem entfernter von dem Ziele scheinen diejenigen zu seyn, welche fest an dem Inhalt der Servituten hängen bleiben, und durch die Eintheilung der verschiedenen ihnen inwohnenden Jura in essentialia, naturalia und accidentalia den

11) z. B. Fr. Connanus Comm. J. C. IV. 11. nro. 2. ferner Robertus und Lyclama s. Biener a. a. O. S. 26.

Forderungen der Wissenschaft genügt zu haben glauben. Bei dieser Meinung, welche für unsere Zeit die herrschende genannt werden kann [12]), soll noch etwas verweilt werden. — Das Ire Agere, welches auch hier, wenigstens in den besseren Darstellungen vorzugsweise berücksichtigt wird, soll wesentlich in der Via enthalten seyn, so daß keines fehlen dürfe, wenn wirklich diese Servitut vorhanden seyn solle. Und dieß ist allerdings richtig, denn einmal stimmt damit der obenbemerkte Ausdruck iter et actus, ire agere überein [13]); dann aber findet sich auch die ausdrückliche Entscheidung, daß ohne die Möglichkeit zu fahren sich keine Via denken lasse [14]). Keineswegs ist dieß aber so zu verstehen, wie von Einigen zu geschehen scheint, als sey Gehen, Reiten, Treiben, Fahren wesentlich (essentiale) bei der Via, indem es ceteris paribus doch für eine Via angesehen werden müßte, wenn auch der Eigenthümer des dienenden Grundstücks bei der Bestellung die Befugniß eine Heerde darüber zu treiben aus guten Gründen ausschlöße. — Bei

---

12) Sie findet sich nämlich mit geringen Verschiedenheiten in den verbreitetesten Handbüchern. Hofacker princ. §. 1091. Thibaut Pand. §. 608. Glück Comment. X. S. 160. Auch bei Mackeldey (3. Ausgabe §. 346.) liegt sie zu Grunde.

13) s. Note 6 und 7.

14) L. 23. pr. de servit. pr. rust. L. 13. de servit. (s. oben).

dem Actus nimmt man bloß das Agere als wesentlich, das Ire nur als regelmäßig (naturale) in Anspruch. Auch dieß ist nicht unrichtig; es wird aber häufig so ausgedrückt, unter den vier genannten Befugnissen sey nur das Viehtreiben wesentlich und von diesem Irrthum ist schon oben die Rede gewesen. — Es ist somit auf eine neue Verschiedenheit von jenen Juristen aufmerksam gemacht, nicht aber der Grund angegeben worden, auf welchem alle diese Eigenthümlichkeiten beruhen, und dieses muß daher noch geschehen.

Diese charakteristische Eigenschaft der Via ist diejenige, welche schon durch ihren Namen im Gegensatz gegen die beiden andern Servituten ausgedrückt wird, nämlich die Nothwendigkeit eines fest bestimmten Wegs, als eines Theils des Grund und Bodens, einer eigentlichen Straße[15]). Dieses unterscheidende Merkmal soll zuerst durch direkte Argumente, nachher mittelbar durch die einzelnen daraus folgenden Rechtssätze begründet werden. — Was die Beweise der ersteren Art anlangt, so könnte man sich derselben beinahe für überhoben erachten,

15) Damit ist nicht eine künstlich aufgeführte Straße gemeint, wie bei Malblank (princ. J. R. P. II. §. 438.), welcher dieses als einen neuen Unterschied zu den alten hinzufügt. Er unterläßt die Begründung wohl aus keinem andern Grunde, als weil sie nicht möglich war.

da die Eigenschaft an sich allgemein anerkannt ist, und nur nicht bisher als die unterscheidende hervorgehoben werden konnte, weil sie auch für den Actus stets vorausgesetzt wurde. Wenigstens macht dieß eine vollständigere Darlegung überflüssig. Erstens ist anzuführen die eben noch einmal berührte Art der Bezeichnung, zweitens aber eine Stelle, wo von dem Juristen Celsus ausdrücklich gesagt wird: bei der Via, wenn sie ohne nähere Verabredung (simplicius) verliehen worden, unter Lebenden oder durch letzten Willen, (hier also ohne Unterschied, anders beim Iter und Actus — s. oben S. 143.) könne zwar durch jeden Theil des dienenden Grundstücks der Weg genommen werden, aber der einmal gewählte sey unveränderlich. Dabei ist das Beispiel nicht zu übersehen, welches nach Celsus Angabe Sabinus bei dieser Entscheidung anführte: eben so sey es beim Aquäductus; der einmal gebrauchte Rivus bleibe für immer. Der Rivus ist bei dieser Servitut, was bei der Via die Straße ist [16]. — Auf diese Grundverschiedenheit der Via von den beiden andern Wegservituten lassen sich ferner die übrigen Eigenthümlichkeiten derselben zurückführen. Von dem Schleifen und Hastam ferre war in dieser Rücksicht schon oben die Rede. Der Umfang der Servitut, das Umfassen des Iter und Actus, war in-

16) Dieß alles ist enthalten in L. 9. de servit.

sofern eine Folge jener Eigenschaft, als bei einer wirklichen Straße nur ausnahmsweise noch die Art der Benutzung für das dienende Grundstück von Interesse seyn konnte. Endlich ist noch die Bestimmung der Breite zu berücksichtigen. Aus der Uebertragung dieser legitimen Eigenschaft der Via publica auf die Via privata läßt sich allerdings auf Aehnlichkeit zwischen beiden schließen [17]). Hierbei ist nur noch ein schwieriger Umstand. Wie ist es möglich, daß die Breite der Via in anfractu, welche bei den Viä publicä sich als sehr regelmäßig und natürlich erklären ließ, auf die Viä privatä übergehen konnte, wo sich eine verdoppelte Breite beim Umbeugen nicht denken läßt, indem sie für eine gewöhnliche Beugung zu groß, für ein völliges Umkehren (nach Hugo's oben berührter Meinung — abgesehen von der dort bezweifelten Anwendbarkeit) zu klein ist [18]). Man könnte etwa glauben, daß bloß

---

17) L. 8. de serv. pr. rust. (Cajus l. 7. ad ed. provinc.) Viae latitudo ex L. XII. tabb. etc. Aus dieser Stelle allein ließe sich freilich nichts weiter mit Sicherheit folgern, als daß die Compilatoren durch die örtliche Verbindung (im angef. Titel) die Bestimmung auf die Via privata bezogen hätten. Allein es fehlt nicht an Stellen, wo die classischen Juristen selbst diese Beziehung machen. L. 13. §. 2. eod. L. 23. pr. eod. L. 6. inf. quemadm. serv.

18) Es ist eine auffallende Erscheinung, daß in den Lehrbüchern des heutigen römischen Rechts dieser nach unserer Kennt-

die gerade Breite angewendet worden sey. Dem widersprechen aber unsere Quellen ausdrücklich [19]. Wenn nun Celsus in dieser Stelle nicht einer Entfremdung vom Leben beschuldigt werden soll, welche jenes glückliche Zeitalter schwerlich gekannt hat, so muß es auch für die Servitut einen Fall gegeben haben, wo die Breite der Via sich auf eine natürliche Weise verdoppelte. Einen solchen aber, wenn man nicht annehmen will, daß durch zwei, verschiedenen Grundstücken desselben Eigenthümers zustehende Viä eine ähnliche Kreuzung wie bei den Limites entstehen konnte, vermag ich nicht aufzufinden [20].

Wenn nach allem diesen die Via eine ganz andere Grundlage hat als Iter und Actus [21], so ließe

---

niß der Sache und nach unserem Gebrauche ganz unpraktische und völlig todte Satz unbedenklich neben den übrigen vorgetragen wird.

19) L. 6. §. 1. inf. quemadm. serv. (Celsus).

20) In neuern Zeiten hat man darauf gewöhnlich nicht Rücksicht genommen, in ältern zuweilen die Frage sonderbar genug beantwortet. So findet sich z. B. von Nicasius de Voerda (Enaratt. in Instit. II. 3, 9.) folgende Erklärung. In gerader Richtung könne man den begegnenden Wagen sehen und bequem ausweichen, bei einer Beugung des Wegs aber falle dieses Vorsehen weg, daher sey ein breiterer Raum nöthig.

21) Daher die merkwürdige Trennung von itinera und via in L. 1. §. 2. de itin. ... quia plerumque itineribus vel via non semper utimur.

sich wohl erwarten, daß für beide Arten der Wegservituten eine verschiedene Rechtstheorie entstanden sey. Dieß ist aber keineswegs der Fall. Die Sätze, welche oben (S. 131 fgg.) aus der besondern Beschaffenheit des Iter und des Actus hergeleitet worden sind, gelten fast alle eben so auch von der Via. Der Grund davon ist schon oben berührt worden. Er ist in der Art und Weise zu suchen, wie die römischen Juristen neue Rechtsformen zu behandeln pflegten, in der Anknüpfung an das bestehende, wodurch sie dem neuen die Eigenschaft des verjährten, die Vortheile einer alten Bekanntschaft zuwandten. Dieß führt uns auf das geschichtliche Verhältniß der drei Servituten.

13.

Es ist bisher vorausgesetzt worden, daß Iter und Actus die älteren Wegservituten gewesen sind. Die Gründe, welche eine solche Voraussetzung zu rechtfertigen scheinen, sollen nun angegeben werden.

1) Nicht unbedeutend ist für unsere Annahme der Umstand, welcher so eben noch einmal zur Sprache kam, daß die römische Theorie auf die unterscheidende Eigenschaft des Iter und Actus hinweist. Schon dadurch wird es nicht unwahrscheinlich, daß jene beiden der Via vorausgegangen sind.

2) Un-

2) Unterstützt wird dieß durch die solennen Redensarten ire agere, iter actus [1]).

---

1) Hieher gehört auch die Formel in L. 69. §. 5. de evict. ... itinera actus quibus sunt utique sunt. S. auch Cajus II. 31. ... sive jus eundi, agendi, aquamve ducendi ... ferner IV. 3. Uebrigens kommen jene Ausdrücke so häufig in unsern Quellen vor, daß sie jedem ohne Hinweisung sich aufdringen. — In L. 1. de serv. pr. rust. wird der Inhalt des Iter so angegeben: jus eundi ambulandi. Wahrscheinlich ist auch dieses Wort ein solennes, altherkömmliches bei der Bezeichnung dieser Servitut. Ueber die Bedeutung desselben sind mannichfache Vermuthungen geäussert worden. So heißt nach der Glosse ire: allein, ambulare: selbander gehen. Gegründeter ist die Meinung, daß ambulare das Zurückgehen bedeute (also ire ac redire). So wird die Sache dargestellt von Vossius im Etymolog. s. v. ambulo: das Wort sey das griechische ἀναπολεῖν, contr. ἀμπολεῖν (wie ἀμβάλλω, ἀμβαίνω). Diese Unterscheidung bei der Angabe der in der Servitut liegenden Befugnisse ließe sich allerdings denken, nur ist materiell nicht viel damit gesagt; indem es ganz natürlich scheint, daß demjenigen, welcher hingehen durfte, auch in der Regel keine Schwierigkeit beim Zurückgehen gemacht wurde. Wenn sich somit eine bestimmtere Bedeutung auffinden ließe, so müßte diese wohl vorgezogen werden. Eine solche hat mir nun ein sprachkundiger Freund mitgetheilt. Er leitet nämlich ambulare her vom am und entweder mit Vossius von πολεῖν, oder von einem alten verlorengegangenen Stammverbum ulare, das sich nur in den Composita ambulo, adulor (in letzterem indessen mit anderer Quantität) u. a. erhalten hat. Die Präposition am —, amb —, ambi —, sonst sogar selbstständig (Macrob. Sat. I. 14.) häufig in Zusammensetzungen z. B. ambitus, ambarvalis, anfractus, amplector etc. (conf. Festus s. v. amsegetes,

3) Zu diesen Argumenten sind auch die Stücke des prätorischen Edicts über die Wegservituten zu rechnen, welche auf uns gekommen sind. In den Pandekten heißt es [2]): Praetor ait: quo itinere

antermini etc. vornämlich auch s. v. am) ist das griechische ἀμφί, und ambulare das griechische ἀμφιπολεῖν (wie amplector nicht das griechische ἀναπλέκεσθαι, sondern ἀμφιπλέκεσθαι, was schon aus der Bedeutung erhellt) also bedeutet es ambire, circumire, umbeugen. Diese Bedeutung muß allerdings der Etymologie nach als die ursprüngliche anerkannt werden. Aus derselben folgt aber sehr natürlich eine zweite, wahrscheinlich ebenfalls sehr alte, welche den Charakter des Iter ausdrückt, wie er oben dargestellt worden ist, nämlich das Hin und hergehen auf dem ganzen Grundstück, ohne an einen einzigen Weg gebunden zu seyn (vermittelt durch das Abbeugen vom Wege bei der ersten Bedeutung), und aus dieser bildete sich später der dritte allgemeinste Begriff von ambulare, umher —, spazieren gehen. Diesem scheint der Umstand entgegenzustehen, daß das Wort auch in der Erklärung der Via vorkommt (via est jus eundi et agendi et ambulandi); aber diese Erscheinung ist sehr natürlich mit jener Ansicht zu vereinigen. Als nämlich die Via entstand und die Juristen zur Erklärung jene Worte brauchten, die von Alters her für das Iter gebraucht worden waren, so geschah dieß erstens, um nichts bei der Via auszulassen, die das ganze Iter mit enthalten sollte, und zweitens in einer Zeit, wo jene alte Bedeutung bloß noch dem Sprachgelehrten bekannt war, und ambulare nach dem Sprachgebrauch gar nichts dem Wesen der Via widersprechendes mehr enthielt. Demnach war der Gebrauch auch dieses Wortes unter den Argumenten für die spätere Entstehung der Via nicht unerwähnt zu lassen.

2) Tit. de itinere actuque privato.

actuque privato, quo de agitur, vel via, hoc anno nec vi nec clam nec precario ab illo usus es etc. Ferner: Quo (vulg.) itinere actuque hoc anno non vi ... usus es, quo minus id iter actumve, ut tibi jus est, (vulg.) reficias, vim fieri veto. Die Worte vel via in der ersten Stelle können von den Compilatoren, aber ebensowohl auch von einem Prätor eingeschaltet worden seyn. Das scheint indessen unzweifelhaft, daß das Edict früher bloß vom Iter und Actus sprach, in der ersten wie in der zweiten Stelle. Es erhellt dieß sowohl aus der Fassung des Edicts und der gezwungenen Stellung jener zwei Worte, als aus dem Namen des Interdicts, wie er selbst in der Ueberschrift des Titels beibehalten ist. Daraus folgt freilich zunächst nur, daß ursprünglich das Interdict für jene beiden Servituten allein gebraucht wurde, ohne daß darum das gleichzeitige Bestehen der dritten nothwendig ausgeschlossen wäre, auf welche es erst später angewendet worden. Aber ich führe diesen Umstand auch nicht an, um damit allein einen vollkommenen Beweis zu führen, sondern um ihn zur Begründung einer Vermuthung an andere anzureihen.

4) Endlich kommt die Via nicht in unsern Quellen der zweiten Periode vor. Inwiefern dieser Umstand, selbst bei der großen Dürftigkeit der Nachrichten aus jener Zeit, nicht ganz bedeutungslos ist, ist schon im 6. Abschnitte bemerkt worden.

Der Gang, den das Recht der Wegservituten in Beziehung auf ihre Grundeigenschaft nahm, war vielleicht folgender. Zuerst war Iter und Actus in der regelmäßigen Gestalt, welche oben dargestellt wurde. Dazu kam die Beschränkung derselben auf eine bestimmte Straße. Aus diesem bildete sich endlich die Servitus viä. Nähere Zeitbestimmung kann bei dem gegenwärtigen Zustand der Quellen nicht versucht werden [3]).

Zum Schluß ist noch die Frage zu beantworten: wie in der Anwendung, nachdem die Via entstanden war, neben ihr der auf einen gewissen Weg beschränkte Actus sich erhalten konnte, welcher bei den römischen Juristen allerdings erwähnt wird? Diese Frage ist deswegen wichtig, weil man glauben könnte, das Bedürfniß eines beschränkten Actus sey somit nicht mehr vorhanden gewesen, und er müsse, nachdem aus ihm die Via sich gebildet habe, ausser

3) Als ein Argument gegen die vorgetragene Vermuthung ist die Ordnung zu erwähnen, in welcher die Servituten aufgezählt werden, indem in dergleichen Fällen das ältere vorangesetzt zu werden pflegt. Häufig findet sich nämlich: Via, iter, actus — z. B. Ulpian. Fragm. XIX. 1. L. 5. 17. de servit. L. 26. de serv. pr. rust. u. öfter. Dagegen kann angeführt werden, daß die Via auch wegen ihrer größeren Bedeutung jenen Platz einnehmen konnte, und daß auch die Ordnung: iter, actus, via nicht selten vorkommt. S. L. 3. §. 2. de action. emti. L. 4. de aqua quotid. L. 1. de usu et usufr. et redit.

Gewohnheit gekommen seyn. — Wenn nun die Via bei den Römern jene Gestalt angenommen hätte, auf welche oben (S. 151 f.) hingedeutet worden ist, wenn nämlich durch sie bloß den beiden bestehenden Servituten eine andere Form gegeben worden wäre, so daß eine Via dem Iter, eine andere dem Actus entsprochen hätte, so wäre allerdings jenes Nebeneinanderbestehen kaum denkbar. Dieß war aber, wie bekannt, keineswegs der Fall; die Via wurde vielmehr eine dritte Wegservitut, mit manchen Eigenheiten, welche den beschränkten Actus noch immer im Gebrauch erhielten. Dahin gehört z. B. die Bestimmung, daß die Via wenigstens so breit seyn müsse, daß ein Wagen darauf gehen könne, ferner daß überhaupt die Via das Recht zu fahren nothwendig begreift, welches bei dem Actus nicht der Fall ist u. s. f.

14.

Ich bleibe bei der Gestalt stehen, die unsere Lehre in der Zeit der wissenschaftlichen Ausbildung des Rechts erhalten hatte, und welche sie auch noch im Justinianischen Rechtsbuch hat. Die Schicksale der dargestellten Rechtssätze von dem Ende der dritten Periode an bis auf unsere Zeit, der Zustand der Lehre in der vierten Periode, namentlich im Occident (auch für den Orient schließt die so eben gemachte Bemerkung über die Darstellung in Justinians Rechtssammlung die Möglichkeit nicht aus, daß sich in der Anwendung manches geändert habe), die Ansichten der älteren und neueren Rechtslehrer und ihr Einfluß auf die Praxis, deutscher Volksgebrauch und dessen Modifikationen durch die Theorie der Gelehrten, alles dieses bildet einen Gegenstand, dessen Erörterung so augenscheinlich einen Geschickteren fordert, daß ich selbst den Versuch unterlasse. Indessen glaube ich, daß eine solche Untersuchung vorausgehen müsse, wenn die Frage, die in der neusten Zeit nicht selten aufgeworfen und entschieden worden ist: welche Anwendung die römischen Rechtssätze über die Wegservituten heutzutage fänden? auf eine befriedigende Weise beantwortet werden soll.

IV.

Ueber den Namen des Juristen Cajus.

Immer ist es als etwas seltsames bemerkt worden, daß Cajus von keinem der späteren Juristen, so weit wir von deren Schriften Kenntniß nehmen können, citirt wird, da er doch, wie wir bei der Vergleichung der Institutionen mit dem Liber singularis regularum sehen, von ihnen benutzt worden ist [1]). Ein zweiter Umstand, welcher auffällt, ist

1) Doch könnten Ulpian und Cajus auch aus einer und derselben Quelle, nämlich aus C. Cassius Longinus geschöpft haben, welcher bekanntlich von Ulpian so häufig allegirt wird, daß selbst, wenn man die Mehrheit der Ulpianischen Fragmente in den Pandekten berücksichtigt, kein gleiches Verhältniß mit den Anführungen bei andern Juristen entsteht. (Wahrscheinlich ist auch in den Fragm. I. 12 für Caesaris zu lesen Cassius). Damit stimmte auch die an vielen Stellen für den Plan des Buchs nicht passende Weitläufigkeit in den Institutionen des Cajus überein. Wenn angenom-

der Name jenes Juristen. Zwar sind hier einige Gelehrte, für welche derselbe nichts besonderes hat, indem sie ihn für corrumpirt aus Gabius erklären. Diese Meinung hat aber nichts für sich, als die scheinbare Unwahrscheinlichkeit, daß der Mann in der gelehrten Welt bloß einen Vornamen geführt habe [2]). Sie müßte daher wohl aufgegeben werden, wenn dieser Umstand mit Beibehaltung der durchgängig sich findenden Bezeichnung erklärt werden könnte. Gäbe nun eine solche Erklärung noch dazu einen Aufschluß über die zuerst erwähnte Erscheinung, so hätte sie ohne Zweifel an Wahrscheinlichkeit gewonnen. Dieß scheint mir der Fall bei folgender Vermuthung zu seyn.

Es ließe sich nämlich denken, daß unser Cajus gleich einem oder mehreren früheren Juristen C. Cas-

---

men würde, daß Cajus hauptsächlich jenes Haupt seiner Schule benutzt und excerpirt habe, so ließe sich daraus (in Verbindung mit den Büchern des Javolenus ex Cassio) recht wohl der Umstand erklären, daß aus dem berühmten Juristen keine Stelle in die Pandekten aufgenommen wurde. Das unwissenschaftliche Zeitalter begnügte sich mit dem neueren Cajus und so mögen die Werke des Cassius vielleicht sogar nach und nach verloren gegangen seyn. Auf ähnliche Weise mögen uns die Auszüge Hermogenians um manche genuine Stelle gebracht haben.

2) In dieselbe Classe gehört die ganz unbegründete Meinung Aelterer: er heiße Titus Cajus.

sius (Longinus) geheißen habe [3]). Um diese nun in der literarischen Welt zu unterscheiden, nannte man den früheren gewöhnlich Cassius, den spätern eben so Cajus, eine vertraulichere Benennung, zu welcher etwa die gleichzeitigen Rechtsgelehrten, z. B. Pomponius [4]) Anlaß gegeben hatten.

Dadurch verschwände denn auch der Mangel an Citaten, indem vielleicht ein Theil der Anführungen aus C. Cassius auf die Rechnung unseres Schriftstellers zu setzen wären. Bei der Durchsicht

---

3) Ich finde, daß auch Andere, welche ich nicht näher bezeichnen kann, auf diesen Gedanken gekommen sind. Alcander praef. ad Cajum. Cap. de nomine Caji. „Sunt qui putarint, eum ex Cassiorum familia fuisse, sed nulla fulti ratione.“ Dieß spricht wenigstens für die Natürlichkeit der Erklärung.

4) Dieser nennt ihn Cajus noster in L. 39. de stipul. serv. zum Unterschied von dem früheren. Auch der letztere kommt in unsern Fragmenten unter dem bloßen Vornamen vor, in Schriften, wo stets von ihm die Rede, also keine Verwechselung (zwar nicht mit unserem Cajus, aber sonst) zu besorgen war. So in zwei Stellen, welche aus Javolenus zweitem und eilften Buch ex Cassio genommen sind: L. 54. de cond. et dem. (in commentariis Caji scriptum est) und L. 78. de solution. (in libris Caji scriptum est). — Auch die Leichtigkeit, womit Cajus und Cassius von den Abschreibern verwechselt werden konnten, zumal wenn bei der Bezeichnung des letztern eine Sigle angewendet wurde (Cass. s. den Ind. Sigl. in Göschen's Ausgabe des Cajus) könnte ein Argument abgeben; ich mache jedoch absichtlich davon keinen Gebrauch.

der Citate in den Pandekten (manche Eigenthümlichkeit beim Anführen mag wohl von den Excerptoren verwischt worden seyn) findet sich zwar kein einziges, welches mit einigem Grunde ausschließlich für Cajus in Anspruch genommen werden könnte, dagegen sehr viele, wo ganz gewiß der ältere Jurist gemeint ist. Doch fehlt es nicht an Stellen, welche auf Cajus passen würden, z. B. L. 4. §. 2. de in jus voc. L. 21. §. 3. de acquir. hered. wo Cajus Cassius von Ulpian nach Pomponius und Julianus citirt wird. Freilich ist die Ordnung für sich kein hinreichender Grund, indem zwar gewöhnlich die Zeitfolge bei Anführungen beobachtet wird, aber keineswegs immer. Auch könnte man bei der ersten der angeführten Stellen sagen, Ulpian citire einen jener „veteres," um Pomponius zu widerlegen, was mir indessen nicht wahrscheinlich ist. — Vielleicht ist ein Anderer auf diesem oder einem ähnlichen Wege glücklicher.

Endlich ist noch unter jene auffallenden Notizen über Cajus die Stelle in dem Citirgesetz zu rechnen, wo die besondere Bemerkung nicht überflüssig schien, daß seine Schriften so gut gelten sollten, als die der übrigen vier Juristen. Daß er überhaupt damals weniger Ansehen gehabt habe, ist nicht anzunehmen; dem widersprechen die Beweise der Achtung, welche uns in unzweideutigen Aeußerungen aus einer nicht viel späteren Zeit zugekommen sind, ferner der unwissenschaftliche Geist des Zeitalters, für welchen wohl nur Unverständlichkeit und die Forderung eines gründlicheren Studiums einen Grund der Vernachläßigung abgab, so wie endlich der Umstand, daß ein Werk von ihm als Lehrbuch gebraucht wurde und in einer Periode, in der das Quellenstudium untergegangen war, dieß die Anwendung des Schriftstellers auch in den Gerichten nicht wenig begünstigen mußte. Besser würde jene Bemerkung auf die Frage beschränkt werden: ob alle Bücher des Juristen Gültigkeit haben sollten? so daß früher bloß wegen einiger Werke z. B. etwa des Commentars zu den zwölf Tafeln, Zweifel entstanden wären. Damit scheinen allerdings die Worte in L. un. C. Th. (epit.) de respons. prud. übereinzustimmen [5]). Aber gegen diese Erklärung kann eingewendet werden, daß Cajus nach der angeführten Constitution [6]) gelten sollte wie Ulpian,

5) ... lectionesque ex omni ejus opere recitentur nach der Münchner Handschrift. So auch eine ähnliche Verordnung hinsichtlich der Libri Sententiarum des Paulus, eines Werks, das nachher so vorzugsweise gebraucht wurde. S. die von Clossius entdeckte Constitution Constantins v. 327. (G. G. A. 1821. St. 20.) ... Ideoque sententiarum libros .... in judiciis prolatos valere minime dubitatur. Daraus wäre zu schließen, daß in jener Zeit nicht selten die Gültigkeit einzelner Schriften ungewiß gewesen sey.

6) .... ita ut Cajum, quae Paulum, Ulpianum et cunctos comitetur auctoritas etc. nach d. Münchner Codex. S. Hugo Rechtsgesch. §. 329. Not. 2.

Paulus und die übrigen, und daß gerade von jenen beiden nach einer früheren, hier wiederholten Verordnung [7]) nicht alles galt. Die oben geäußerte Vermuthung über den Namen des Juristen ließe auch dieß nicht unerklärt: jene specielle Erwähnung sey deshalb geschehen, damit er nicht etwa mit dem alten C. Cassius verwechselt werden, und so wie dieser der Vergessenheit übergeben scheinen möchte.

---

7) S. die Constitution Constantin's v. 321. in d. G. S. A. a. a. O. und L. un. cit. Beim Anblick des Citirgesetzes, wie es im Breviarium steht, möchte man fast auf die Vermuthung gerathen, es sey durch die Zusammensetzung der zwei Constitutionen von 327 und 426 entstanden. Die ungeschickte Stellung des letzten Satzes: Pauli quoque — praecipimus, welcher nur den Worten, nicht dem Sinne nach in Zusammenhang mit dem zunächst vorhergehenden steht, macht dieß wahrscheinlich. Es sind zwar nicht die Worte der Constitution von 327. beibehalten, aber die Construction des früheren Satzes: Notas enim .... praecipimus etc. nachgeahmt.

V.

Ueber die Perioden in der Rechtsgeschichte.

Man hat in unserer Zeit davon gesprochen, daß eine Abtheilung der schriftlichen oder mündlichen Vorträge, welche über Rechtsgeschichte gehalten zu werden pflegen, in gewisse Zeiträume nicht nur ohne sonderlichen reellen Nutzen, sondern völlig unmöglich sey. Es wird aber nicht schwierig seyn zu zeigen, daß die Festsetzung bestimmter Perioden allerdings möglich sey, daß sie der Natur der Sache nach sogar als etwas nothwendiges erscheine, daß mithin eine Rechtsgeschichte eine sehr schlechte seyn müsse, aus welcher diese Abschnitte nicht hervorleuchten, auch wenn sie nicht in Numern und Jahrzahlen vorgemerkt sind. Und diese nothwendigen Perioden sind nicht etwa neue, nun erst gefundene, — sondern es sind in der That diejenigen, welche sich (wenigstens für die Geschichte des römischen Rechts) in den meisten Vorträgen der gegenwärtigen Zeit finden. Eben so wenig ist dasjenige neu, was hier darüber gesagt werden soll (es ist bekannter als beherzigt), nur die Anwendung, welche die folgenden Blätter enthalten, verdanke ich zunächst keinem Andern.

Dürfte man freilich jene Abschnitte als etwas äusserliches betrachten, etwa als zur Unterstützung des Gedächtnisses erfunden, so hätte man nur die Zahl der zu durchlaufenden Jahre mit irgend einer andern zu dividiren und sich an der möglichsten Gleichheit der Perioden zu ergötzen, und die Sache wäre sehr gleichgültig. Dieß ist jedoch keineswegs der Fall. Die Perioden der Geschichte, sofern Wahrheit in ihnen ist, sind nicht von diesem oder jenen Bearbeiter willkührlich hinzugemacht, sondern sie gehören selbst mit zur Geschichte, und können so wenig als diese beliebig umgeschaffen oder für den Hausbedarf verändert werden. Es kommt folglich dabei ganz und gar nicht auf die Länge und Kürze, Gleichheit und Ungleichheit derselben an. Die mehrere oder mindere Gleichheit mag den erfreuen, welcher an Curiositäten Gefallen findet, oder denjenigen aufmerksam machen, der einem tieferen Zusammenhang der Dinge nachforscht. Wer aber die Perioden erst auszugleichen sucht, wem sie also nichts sind als Schubfächer und Zellen, in die er seine Güter einträgt, der scheint mir die Geschichte sehr verkehrt zu behandeln, und eher sich selbst und sein Wissen, als die Geschichte darstellen zu wollen. — Wenn Hugo die Geschichte des römischen Rechts mit dem menschlichen Leben vergleicht, und sie in die Kindheit-, Jugend-, Mannes-, und Alter-Periode abtheilt, so ist hiermit für eine würdigere Ansicht allerdings schon viel gethan, im Grunde auch der wahre Charakter der Perioden symbolisch dargelegt, nur wäre eine bestimmtere Erklärung der zu Grunde liegenden Wahrheit wünschenswerth gewesen. Denn der Sinn der Allegorie ist, so oft auch die Worte bei rechtsgeschichtlichen Vorträgen nachgesprochen wurden, gewiß nicht selten verkannt worden. Indem nun aber Hugo auch hier wiederum als Vorgänger in der richtigen Lehre, als derjenige genannt werden mußte, in dessen Buche der historische Charakter der Perioden nicht allein bildlich dargestellt (was das wenigste ist), sondern auch, und dieß verdient die meiste Beachtung, befolgt und in Anwendung gebracht ist, so muß bei Ihm die empfehlende Erwähnung der Gleichheit dieser Perioden besonders auffallend seyn, zumal da gerade diese seiner Vergleichung Eintrag thut. Wie die Abenddämmerung länger ist als die Morgendämmerung, so dauert die Kindheit im menschlichen Leben kürzer als das Alter.

Wenn das Recht eines Volkes ungestört sich entwickelt, so durchläuft es drei Bildungsgrade, welche sich überhaupt bei jedem Geschehen, bei jeder

Entwickelung unterscheiden lassen. Auch bei dem Rechte nämlich findet sich jene Unschuldsperiode, die Abgeschlossenheit in sich selbst, die bewußtlose Einheit, mit welcher alle Bildung beginnt. Das Recht lebt im Volk, einfach wie die Sitte desselben, und auch befolgt wie diese. Auf jenen Zustand der Ureinheit folgt das Herausgehen aus sich selbst, das Zersplittern ins mannichfaltige, der Zwiespalt, dessen Ende, wenn auch nicht die Aufhebung aller Einheit, aller Gleichheit mit sich (denn der schneidende Gegensatz enthält überall keine Wahrheit) doch eine gänzliche Entfernung von jenem nie zurückkehrenden Zustand ist. Und wie die Sitte im Fortschreiten ihre Einfachheit verliert und mannichfaltiger wird, wie die wachsende Cultur eine Menge der verschiedenartigsten Bedürfnisse hervorbringt, welche die alte Zeit nicht kannte, wie die vielseitigere Berührung mit fremden Völkern die Bekanntschaft mit den Bildungen und Erzeugnissen ferner Länder zur Folge hat, — so muß mit diesen Beziehungen, mit diesen Gegenständen auch das Recht des Volkes mannichfaltig werden, es muß unaufhaltsam zu einer Masse anwachsen, welche der Einzelne nicht mehr zu überschauen, welche in ihrer Unförmlichkeit selbst das Volk nicht mehr zu bewahren vermag. Umsonst wird es versuchen, durch Sammlung und Aufzeichnung der Rechtssätze sich die Herrschaft über sein Recht zu sichern; die auf diese Weise entstandenen Rechtsbücher oder anderen Aufzeichnungen des Rechts wer-

werden weder den Wachsthum desselben hemmen, noch die Kenntniß des unzusammenhängenden Ganzen verschaffen können. Es giebt kein Mittel, materielle Mannichfaltigkeit festzuhalten und zu beherrschen, als wenn sie zur formellen Einfachheit zurückgeführt wird. Eben so gelangt jede Bildung endlich auf den Punkt, wo sie durch das Zurückgehen in sich selbst eine Einheit in der Mannichfaltigkeit gewinnt. Daher geht auch das Recht naturgemäß aus jenem zweiten in den dritten Bildungsgrad über, in die wissenschaftliche Behandlung, welche eben in jener Hervorbringung einer formellen Einheit, des Systems, besteht, und wird, da die Wissenschaft die Darbringung eines Lebens fordert, zugleich Eigenthum eines besonderen Standes.

Diese drei Perioden, der ursprünglichen Einfachheit, der Mannichfaltigkeit und der Wissenschaft, finden sich in jedem Rechte, obwohl nach dem Einfluß äusserer Umstände mehr oder weniger hervortretend und erkennbar. Sie müssen denn auch bei der wissenschaftlichen Behandlung eines jeden Rechts zum Grunde gelegt werden, es sey von einem einzelnen Rechtssatze oder von dem Ganzen die Rede, nur ist es freilich gleichgültig, ob dieß auch äusserlich angedeutet oder bloß innerlich befolgt werde. Die angegebenen Perioden gelten mithin nicht weniger für das römische Recht, ja sie sind bei keinem bekannten Recht erkennbarer als bei diesem. Daß es die in neueren Zeiten gewöhnlich angenommenen selbst sind, ist schon im Eingange bemerkt worden.

Die erste Periode in der Geschichte des römischen Rechts pflegt man mit den zwölf Tafeln zu schließen. Es fragt sich nun, ob es nicht bloß willkührlich sey, die frühste Zeit des Rechts bis hieher zu rechnen, und diesen Punkt als Mittelpunkt des Uebergangs in die Mannichfaltigkeit anzunehmen. Diese Frage wird aus dem Zwecke jenes Rechtsbuchs selbst am besten beantwortet werden können. Der Zweck desselben war nicht die Festhaltung eines schon mannichfaltig gewordenen Rechts durch die Schrift. Wäre dieß der Fall, so könnte man allerdings die Zeit der alten Einfachheit nicht bis hieher fortführen. Bekanntlich aber sollte vielmehr durch das Gesetz nur der politische Zweck der Verschmelzung beider Völkerstämme, zunächst also durch Gemeinsammachung der bisher abgesonderten Volksrechte erreicht werden, und diese Folge hat die Aufzeichnung, wenigstens im ganzen, auch gehabt. Nun liegt es aber in der Natur solcher Verbindungen, eines solchen Heraustretens aus der Absonderung in eine Gemeinschaft, daß hierdurch der Grund zu mehrfachen Beziehungen liegt, und wie ein Volk, welches anfangs in stärkender Abgeschlossenheit gleich dem Keim im Boden für sich stand, durch Annäherung an seine Nachbarn den ersten Schritt zu vielseitigerer Bildung thut, so mag wohl die gegenseitige Mittheilung der beiden römischen Völker in Absicht auf ihr Recht, soweit sich in der Geschichte überhaupt von bestimmten Punkten sprechen läßt, mit Recht als der Anfang seines mächtigen Wachsthums und der zweiten Periode angesehen werden. Die zweite Periode führt man fort bis an das Ende der Republik, sey es bis zu Cicero oder bis Augustus. Die Uebereinstimmung dieses Zeitraums, in welchen die Cultur des römischen Volks fällt und die Begründung seiner Weltherrschaft, mit jener oben angegebenen Periode, als der des mannichfaltigen Rechts, wie es dem Volksbewußtseyn entwächst, fällt von selbst in die Augen. Das prätorische Edict ist als das Mittel anzusehen, das anwachsende Recht für die Erkenntniß nicht auf-, aber festzuhalten, was bei andern Völkern weniger zweckmäßig durch feststehende, unveränderliche Aufzeichnungen geschehen ist. Aber die bloße Verzeichnung konnte den unermeßlichen Stoff nicht dem Volke zugänglich, nicht faßlich machen, und so ist denn das Ende dieser Periode der Uebergang in die dritte, zur wissenschaftlichen Bearbeitung. Diese dritte Periode wird gerechnet bis in die Mitte des dritten Jahrhunderts nach Christus, wo das römische Recht die Vollendung erhalten hatte, welche ausser ihm keinem bekannten Rechte zu Theil geworden ist. — Mit dieser Periode schließt sich die Rechtsgeschichte ihrem Wesen nach. Die Zeit des Verfalls, welche sich als vierte Periode anreiht, ist nur zufällig uns von großer Wichtigkeit, und würde beziehungsweise sehr wenig beachtet werden, wenn statt der Justinianischen Sammlung das prätorische Edict mit seinen Commentatoren auf Deutschland übergegangen wäre, ohngefähr eben so wenig, als jetzt die späteren Schicksale und der gegenwärtige Zustand des Justinianischen Rechts im Orient.

Was sich bei der Geschichte des römischen Rechts als richtig bewährt, das wird ferner auch auf das deutsche Recht Anwendung finden können und müssen, wenn gleich hier die bei den bisherigen Bearbeitungen angenommenen Perioden nicht so wie dort als die historischen anzusehen sind. Nur ist diese Anwendung schwieriger als bei dem Rechte des römischen Volks, einmal, weil der Gegenstand noch nicht ein abgeschlossenes, vollendetes Ganzes ist, dann aber auch besonders deshalb, weil sich unser Recht keiner so ungestörten und concentrirten Ausbildung zu erfreuen hatte, vielmehr unter den ungünstigsten Umständen emporgewachsen, unter den verderblichsten Einflüssen gereift ist, in Verhältnissen, welche achtbare, weder zu den übelwollenden noch zu den unwissenden zu rechnende Männer dahin gebracht haben, sogar an der Existenz eines gemeinsamen deutschen Volksrechts zu verzweifeln. Es soll hier kein Versuch gemacht werden, den Gang der Rechtsbildung an unserem Rechte nachzuweisen, weil dazu eine genauere Kenntniß desselben erforderlich wäre, als ich gegenwärtig besitze. Nur einer beiläufigen Bemerkung mag eine Stelle vergönnt seyn. Ein hochachtbarer Gelehrter, einer von denjenigen, auf welche wir mit besonderem Vertrauen zu blicken gewohnt sind, nennt, indem er von der Aufzeichnung der Volksrechte im fünften und den folgenden Jahrhunderten spricht, unter den Veranlassungen zur schriftlichen Abfassung „die fortschreitende Cultur [1].“ Wäre dieß durch einen weniger trefflichen Schriftsteller geschehen, so möchte es vielleicht unbillig scheinen, den einzelnen der Feder entschlüpften, wenn gleich bedeutsamen Ausdruck besonders zu würdigen, zumal da Viele nicht leicht die Veränderung irgend eines Volkszustandes beschreiben, ohne die steigende, wachsende, aufblühende Cultur unter den Ursachen anzuführen. Da jede solche Veränderung selbst zur Volksbildung gehört, so sagen sie damit auch weniger etwas materiell falsches als gar nichts. Bei einem Gelehrten hingegen, wie der erwähnte ist, und in einem Handbuche wird es erlaubt seyn, auch einzelne Ausdrücke genau zu nehmen. Wenn nun die fortschreitende Cultur unter die Veranlassungen zu jener Aufzeichnung gerechnet wird, so wird damit nicht der triviale Satz gemeint seyn, daß ein solches Ereigniß nicht ausser allem Zusammenhang mit der Volksbildung stehe. Ferner aber wird jenes auch

---

1) K. F. Eichhorn deutsche Staats und Rechtsgesch. I. §. 30.

nicht in dem Sinne gesagt seyn, daß die Aufzeichnung mit dem Fortschreiten der Cultur im allgemeinen, mit jedem Grade der Bildung in einem nothwendigen Zusammenhang stehe. Denn da die Bildung immer im Fortschreiten begriffen ist, so gäbe es keinen Zeitpunkt, wo nicht die Niederschreibung des Rechts nothwendig wäre, und wir kennen Völker, wo die Bildung ziemlich lange fortschritt, ohne eine solche zu veranlassen. Vielmehr sind wohl jene Worte so zu verstehen, daß die germanischen Völker auf der Bildungsstufe angekommen waren, wo die durch wachsende Cultur erzeugte Mannichfaltigkeit im Rechte des Buchstabens zur Festhaltung bedurfte. Daß dieß wirklich nicht der Fall war, braucht gar nicht besonders gezeigt zu werden, wenn von dem sonstigen Zustande der Völker auf den Rechtszustand geschlossen werden darf. Wenigstens schweigen die Geschichtschreiber von einer Vielseitigkeit des damaligen Lebens, welche jene Stufe in der Rechtsbildung voraussetzt. Sowie also bei den zwölf Tafeln nicht der Grad innerer Entwickelung, sondern äußere Umstände die Aufzeichnung veranlaßten, so können auch bei jenen Rechtsbüchern die äußern Ursachen derselben namhaft gemacht werden, und dieß ist am vorhin angeführten Orte auch größtentheils geschehen. Man könnte sie also, wie das römische Rechtsbuch, vielleicht an das Ende der ersten Periode, aber keineswegs in die Mitte der zweiten setzen.

Wenn nach dem bisher gesagten die Perioden etwas anderes sind als bloß äusserliche Abtheilungen des Vortrags, wenn sie der Geschichte eines Volks, eines Rechts selbst eigenthümlich angehören, so folgt daraus von selbst, daß sie hinsichtlich ihres Anfangs und Endes diese ihre geschichtliche Natur nicht verläugnen dürfen. So wenig also in der Geschichte ein Moment aufgezeigt werden kann, worin irgend ein Volkszustand zu Ende gegangen wäre oder begonnen hätte, eben so wenig darf eine bestimmte Jahrzahl, und wäre es auch die rundeste (ein Umstand, der in den Geschichten nicht selten eine große Rolle spielt) als Anfang oder Ende einer Periode festgesetzt werden. Vielmehr muß auf diese unbestimmte Natur der Schlußtermine aufmerksam gemacht, es müssen überhaupt Ende der vorhergehenden und Anfang der folgenden Periode nicht als durch eine feste Gränze getrennt dargestellt werden, sondern als eine Uebergangszeit, wo neues und altes in Fehde liegen, und weder das alte ganz verschwunden ist, noch das neue sich rein entwickelt hat, als eine Zeit, die beiden gemeinschaftlich ist. Die unhistorische Darstellung der Perioden und der Geschichte zeigt sich unter andern häufig auch darin, daß mit sehr großer Bestimmtheit und Sicherheit Ereignisse, welche nur um ein oder zwei Jahre entfernt liegen, von einander getrennt und in verschiedene Perioden verwiesen werden. Oft kann zwar die Oekonomie der Darstellung etwas ähnliches hervorbringen, ja es wird dieses in den gewöhnlichen Vorträgen kaum zu vermeiden seyn, aber davon ist nicht die Rede, denn hier wird der unbestimmte Charakter des Uebergangs sorgfältig angegeben werden, während man dort dieser Unbestimmtheit gänzlich entflohen, und der erlangten Gewißheit sorglos froh ist.

Die richtige Würdigung der Perioden ist nicht allein von wissenschaftlicher, sondern auch von politischer Bedeutung. Denn nur insofern das Wesen derselben als etwas inneres, geschichtliches erkannt wird, ist es möglich, eine helle Anschauung von einem Zustande, der noch in der Entwickelung begriffen ist, von dem gegenwärtigen Standpunkt eines Volks und eines Rechts zu erhalten, und eine solche Anschauung von der Gegenwart ist schwieriger als von einer nur nicht ganz entrückten Zeit, indem wir gleich Presbyten erst in der Ferne deutlich erblicken, was uns in der Nähe zu einer unförmlichen Masse verschwimmt. Wie nothwendig diese Selbstkenntniß auch in Absicht auf das Recht ist, braucht jetzt nicht mehr dargethan zu werden; ihre Wichtigkeit hat sich unter andern in jener Zeit der Gesetzvorschläge für Deutschland bewährt. — So stehen wir in Deutschland mit unserem gemeinen bürgerlichen Recht am Anfang der dritten Periode, also in dieser Beziehung etwa da, wo die Römer unter August sich befanden. Es ist merkwürdig, daß Cäsar gerade zu derselben Zeit die Römer mit einem Gesetzbuche beschenken wollte, als Napoleon uns in seinem Codex das gleiche zudachte, wiewohl freilich Cäsars Plan nach der unbestimmten Nachricht, die uns darüber zugekommen ist, auch auf etwas ganz anderes gerichtet seyn konnte. Wenn sich nun einerseits wegen der gänzlichen Verschiedenheit der politischen Verhältnisse und wegen des möglichen Einflusses äusserer Umstände keine specielle Vergleichung mit dem Bildungsgang des römischen Rechts weder für die Vergangenheit noch für die Zukunft anstellen läßt, so sind doch andrerseits diejenigen Folgerungen als etwas sicheres anzusehen, welche sich aus dem Charakter der Perioden im allgemeinen ergeben. Die Anwendung auf das Bedürfniß unserer Zeit ist schon durch einen Mann geschehen, welcher jene Behauptung, daß wir uns am Anfang der dritten Periode befinden, allerdings widerlegen würde, wenn dieses durch das Daseyn Einzelner geschehen, und der ausgestreute Same mit so unaufhaltsamer Schnelligkeit keimen, wachsen, und Früchte bringen könnte. Nur einige einzelne Anwendungen mögen hier zum Schlusse stehen, durch Prüfung zweier Vorschläge, von denen der eine die Festhaltung eines anwachsenden Rechts, der andere die Zurückführung eines dem Volke schon entgangenen Rechts zum Ziele hat.

Wer z. B. die prätorischen Edicte der Römer auf unsere Zeit übertragen wollte, der würde bei allem guten Willen um mehrere Jahrhunderte zu spät kommen. Zur Zeit der Rechtsbücher des Mittelalters und etwas später würde ein solcher Vorschlag zu seiner Zeit gemacht worden seyn, ob an seinem Orte, soll hier nicht entschieden werden; heutzutage würden wir durch diese Uebertragung entweder eine gewöhnliche Gesetzcommission, oder, wenn das Institut wirklich im römischen Sinne aufgefaßt werden sollte, etwas ganz unzeitiges erhalten. Denn wir stehen in einer Zeit, wo uns nicht bloß eine Verzeichnung des vorhandenen und entstehenden ohne wissenschaftliche Verarbeitung des vor uns liegenden, uns überwältigenden Stoffs befriedigen kann. Diejenigen aber, welche dafür halten, daß man das eine thun und das andere nicht lassen müsse, vergessen, daß jeder Versuch der ersten Art, jede auch noch so vorsichtige Fixirung des vorhandenen ohne vollendete juristische Bildung in einer Zeit, wo das Streben nach dieser schon begonnen hat, immer eine Störung des naturgemäßen Fortschreitens in der Wissenschaft sey. Nirgends wird häufiger gegen die Berücksichtigung der Zeitverhältnisse gefehlt, als bei der Frage, ob einem Volk eine fremde Einrichtung, welche sich in ihrem Mutterland als trefflich erwiesen, mitgetheilt werden soll, und es sind Unzählige, welche ihrem Volk, das sie in einer früheren Bildungszeit mit dem ausgebildeten Institut eines gereiften, sey es eine Verfassung, sey es ein Recht, bedenken, hiermit die allergrößte Wohlthat zu erzeigen glauben. Und wenn dieses eher von Philosophen zu besorgen ist, so hat man sich nicht weniger vor den Ansichten mancher Historiker zu hüten, welche vielmehr, während jene die Bildung der Völker ungeschickt übereilen möchten, umgekehrt dieselbe, vielleicht unbewußt, wieder zurückzuführen suchen, und denen die Gegenwart nicht zur Geschichte, also nicht in das Bereich ihrer Wissenschaft gehört. Der rechte Ort und (wovon hier zunächst die Rede war) die rechte Zeit einer solchen Uebertragung sind so schwer zu treffen, daß man mit Recht gegen dergleichen Unternehmungen mißtrauisch ist, und daß man die Neigung zum hergebrachten als ein wohlthätiges Geschenk anzusehen hat, mit welchem Gott die Völker segnet, die sich gegen solche Gaben verwahren.

Die zweite Anwendung, welche von der dargestellten Ansicht gemacht werden soll, betrifft ein vermeintes Bedürfniß, welches sowohl in unseren als in früheren Tagen von Vielen behauptet worden ist, nämlich die Abfassung eines Gesetzbuchs in deutscher Sprache, um dem Volke das Recht zugänglich und es mit demselben vertraut zu machen. Diese Behauptung hängt insofern mit unserem Gegenstand zusammen, als man dadurch dem Volke das ihm durch mancherlei Mittel, namentlich, wie man sagt, durch die römische Sprache entfremdete Recht wieder zurückzugeben sucht. Unter einer beträchtlichen Menge von Gegnern wende ich mich an einen Philosophen, dessen verständliche Aussprüche durch die unverständlichen, an welche sie angereiht sind, kein geringes Gewicht erhalten, indem Leser und Zuhörer unter schweren in einer schweren Sprache dargestellten Sätzen mit Vergnügen ganz handgreifliche in derselben Sprache wahrnehmen, welche sie dann um so begieriger für sich zurücklegen. — Die Art nun, wie Hegel (Naturrecht §. 215. in der Anmerkung) die Bekanntmachung des Rechts darstellt, zeugt von der allergrößten Unbekanntschaft mit dem Leben und Treiben des Volks. Es ist ein Irrthum, welcher kaum widerlegt zu werden braucht, wenn man glaubt, das Volk mache sich über das in mehreren Bänden edirte Gesetzbuch her und so mit dem Rechte bekannt. Wie sollte sich der ungebildete Stand, welcher den bei weitem größten Theil des Volks ausmacht, durch die nach der Stufe der Bildung mehr oder minder mannichfaltigen Rechtsbestimmungen mit Nutzen durchlesen, oder wie sollte er vermögend seyn, die richtigen Folgen aus allgemeinen Rechtssätzen zu ziehen, wofern das Gesetzbuch in dieser einfachen Form abgefaßt ist? Man giebt entweder die Existenz einer geschichtlichen Rechtswissenschaft zu, oder läugnet sie. Der zweite Fall gehört nicht hieher, weil, soweit man überhaupt historische Wissenschaften zugelassen hat, auch die Rechtswissenschaft nicht ausgeschlossen worden ist. In der That nimmt auch Hegel eine positive Rechtswissenschaft, wenigstens historisch, an; er zieht eben gegen die Bekenner derselben versteckt zu Felde, wie Viele. Denn diese ganze Ansicht ist, wie bemerkt, in neuern Zeiten gang und gäbe, und man hat mit dergleichen Trivialitäten der populären Meinung oft zu Gefallen geredet. Die Rechtskenntniß ist nun entweder eine wissenschaftliche Kenntniß, welche sich des ganzen, des allgemeinen, im einzelnen, concreten bewußt ist, oder eine unwissenschaftliche, welche zufällig dieses und jenes Stück weiß, und eben so ein drittes, viertes, etwa auch alle einzelne Rechtssätze. Wissenschaftliche Kenntniß will Hegel dem Volke nicht zuwenden, denn er setzt es selbst denen entgegen, „die sich gelehrt darauf legen.“ Auch wäre ein solches Unternehmen einigermaßen kühn. Ein Volk aber, das sich ungelehrt auf ein Gesetzbuch legen sollte, würde ein solches erfordern, welches keine allgemeine Bestimmungen, aus denen erst zu folgern wäre, sondern die speciellsten Festsetzungen enthielte. Wie viele aber Hegel in seinem Volke finden würde, welche bei einem nur etwas mannichfaltigen Verkehr diese Bestimmungen in ihr Gedächtniß aufnehmen und zur rechten Zeit darin wieder finden könnten, ist beinahe zu errathen. — Auch hier wird die richtige Würdigung des zeitigen Rechtszustandes über den Werth der Versuche, das Recht in das Volksbewußtseyn zurückzuführen, entscheiden. Wir sehen jetzt ab von der Ungeschicktheit mancher Mittel, wie des eben gerügten, wo durch den Buchstaben jene Wirkung hervorgebracht werden soll. Eben so gut könnte man durch ein Dictionnaire in einem Lande eine neue Sprache, oder etwa in Deutschland statt der verschiedenen Dialekte einen allgemeinen einführen, ein Einfall, den soviel ich weiß noch kein origineller Kopf vor das geduldige Publikum gebracht hat; nur das Recht und in einigen Punkten die Sitte hat sich solcher Vorschläge zu erfreuen, und es scheint fast, als habe man bei diesem Bestreben, das lebendige aus dem todten zu erzeugen, sich mit dem Beispiel des Elisa getröstet, dessen verweseter Leichnam Anderen noch hinlängliches Leben zu schaffen vermochte. Aber fände man auch scheinbarere Mittel, so wäre doch der Zweck völlig verwerflich, ja wirklich auch unerreichbar. So wenig es gelingen wird, ein Volk, das in seiner Bildung mehr oder weniger fortgeschritten ist, in den Stand der Kindheit zurückzuführen, eben so wenig wird für ein Recht, welches entweder schon übergegangen ist in das Bewußtseyn eines besonderen Standes, oder in diesem Uebergang begriffen ist, jener Zustand der Ureinfachheit wiederzubringen seyn, worin es ausschließlich im Volke lebt. Wenn nun dennoch ein Zeitalter in der Unkenntniß seiner selbst, unterstützt in seiner Eitelkeit von einer frivolen Philosophie dergleichen Versuche macht, so könnte man sich damit trösten, daß dieses verkehrte Streben sein Ziel nie erreichen wird, aber da es in das gleichmäßige Fortschreiten der Bildung störend eingreift, da das Verkennen und Hintansetzen der Vergangenheit sowohl der Gegenwart als der Zukunft unheilbare Wunden schlägt, so ist die Anstellung oder Unterlassung dieser Versuche keineswegs gleichgültig. — In der Behauptung, daß das Recht zu einer gewissen Zeit nicht mehr im Volksbewußtseyn lebe, liegt übrigens keineswegs der Sinn, als könne das zu jener Bildungsstufe gelangte Volk keine Kenntniß mehr von seinem Rechte nehmen, als falle diese ausschließlich den Juristen anheim. Was das Volk irgend einmal in seinem Innern gehegt hat, das wird ihm nie ganz fremd werden, wenn es auch im Lauf der Zeit die Herrschaft über das unübersehbar angewachsene verliert. Darum wird ihm auch die wissenschaftliche Ausbildung des nationellen gewissermassen immer angehören, ja gerade nur dasjenige, was von Unkenntniß und Leidenschaft verschmäht wird, die Thätigkeit der Juristen, und wenn sie in fremden Zungen redeten, kann einen Reichthum bewahren, welcher ausserdem unwiederbringlich verloren gienge.

Dieß alles, könnte man sagen, führe auf etwas ganz bekanntes hinaus, und wenn man Lust habe, es noch einmal zu hören, so würde wohl eine bessere Quelle zu finden seyn. — Daß die Grundlage dessen, was von dem Gegenstand dieser Betrachtungen gesagt wurde, nicht neu sey, ist schon im Eingange bemerkt worden. Es scheint aber weder unerlaubt noch unzweckmäßig zu seyn, sowohl dem bekannten eine eigene Anwendung zu geben, als umgekehrt eine neue Bemerkung durch eine alte Wahrheit zu unterstützen.

Verbesserungen.

Seite 22. Zeile 6. v. u. l. ἑκάστοτε.

— 23. — 7. v. o. l. καθάπαξ.

— 35. Note 10. a. E. Als ich diese Worte niederschrieb, benutzte ich die dritte Auflage von Savigny's Recht des Besitzes, wo nur die Bemerkung Heise's angeführt, nicht aber auf den durch den Inhalt des Edicts selbst gegebenen Grund aufmerksam gemacht worden war. Letzteres ist nun in der vierten Auflage auf eine sehr bestimmte Weise geschehen, so daß meine spätere, und ohnehin sehr unbestimmte Erwähnung ganz überflüssig ist, s. R. d. B. 4. Aufl. S. 20. Ich las die Stelle erst nach dem Abdruck jener Anmerkung, und somit blieb mir nichts übrig als der Widerruf an diesem Orte. Wenn ich aber auch in dieser Beziehung an der Wiederholung unschuldig bin, so kann mir doch vielleicht in anderer Hinsicht der Vorwurf der Nachlässigkeit gemacht werden. Denn schon im J. 1818. berührte Hugo in den G. G. A. (St. 156.) diesen Umstand, und aus dieser Recension der dritten Auflage kam eben der Zusatz in die vierte. Hier muß ich allerdings gestehen, daß ich diese Anzeige nicht kannte, ehe mich die Note bei Savigny a. a. O. darauf verwies, und da in unsern Tagen die meisten gelehrten Zeitungen mit guten Recensionen nicht sehr verschwenderisch umgehen, so ist jene Unaufmerksamkeit doppelt strafbar.

— 83. In der dritten Abhandlung steht zuweilen amfractus, zuweilen anfractus. Besser wäre überall gleichförmig anfractus gesetzt worden.

— 169. Note 3. Es kann hier eine bessere Auctorität nachgetragen werden. Hugo Rechtsgesch. 1822. S. 644. Z. 12—14. bemerkt: der Mangel an Citaten sey so auffallend, „daß man fast glauben sollte, früher komme er noch unter einem andern Namen vor, welchen späterhin der Vorname verdrängt habe.“

FSC
www.fsc.org
MIX
Papier | Fördert
gute Waldnutzung
FSC® C083411

Kolibri 360 GmbH
Ferdinand-Jühlke-Straße 7
99095 Erfurt, Deutschland
produktsicherheit@kolibri360.de